U0802105

丰田产品开发

"科技大厂"借鉴的产品开发方式

トヨタチーフエンジニアの仕事

北京时代华文书局

图书在版编目（CIP）数据

丰田产品开发 /（日）北川尚人著 ; 古才非, 韩佳译 . -- 北京 : 北京时代华文书局 , 2025.8.

ISBN 978-7-5699-6157-7

Ⅰ . F431.364

中国国家版本馆 CIP 数据核字第 20251AJ204 号

北京市版权局著作权合同登记号 图字：01-2024-6575

FENGTIAN CHANPIN KAIFA

出 版 人：陈　涛
策划编辑：周　磊
责任编辑：周　磊
责任校对：陈冬梅
装帧设计：程　慧　迟　稳
责任印制：刘　银

出版发行：北京时代华文书局 http://www.bjsdsj.com.cn
　　　　　北京市东城区安定门外大街 138 号皇城国际大厦 A 座 8 层
　　　　　邮编：100011　电话：010-64263661　64261528

印　　刷：三河市兴博印务有限公司
开　　本：880 mm×1230 mm　1/32　　　成品尺寸：145 mm×210 mm
印　　张：6.25　　　　　　　　　　　　字　　数：142 千字
版　　次：2025 年 8 月第 1 版　　　　　印　　次：2025 年 8 月第 1 次印刷
定　　价：45.00 元

版权所有，侵权必究

本书如有印刷、装订等质量问题，本社负责调换，电话：010-64267955。

推荐序

五年前，在一次对标世界一流管理提升咨询项目中，我第一次接触到了CE（Chief Engineer，首席工程师）这个词。此后，我对丰田CE体系在产品开发中重要作用的理解逐渐加深，并对丰田的企划工作进行了深入的研究。我们都知道，打造成功的产品不仅需要企业战略、营销、研发、生产、采购、财务、质量、销售等多部门高效协同，还需要建立科学的产品策划体系。CE在产品策划体系的运行和多部门协同过程中发挥着关键作用。CE及其领导的"Z团队"是产品开发成功的最终责任人，CE负责产品全生命周期的管理。

我国汽车市场已经由增量市场转为存量市场。在增量市场环境中，企业开发的产品只要能够满足客户需求就能够卖出去；在存量市场环境中，企业开发的产品不仅要能够"满足客户需求"，还要能够不断"创造客户需求"。因此，今天的汽车企业比以往任何时候都更重视产品策划，"做正确的事"（产品策划）比"正确地做事"（研产供销服）更重要。正如现代管理学之父德鲁克所说，"如果企业想要卓有成效，仅仅靠正确地做事、提高效率是不够的，还要追求有效性和做正确的事"。

我之所以强调产品策划的重要性是因为包括合资企业在内的我国大部分汽车企业的产品策划能力培育和建设的时间比较晚，有的企业甚至至今都还欠缺这方面的能力。在今天激烈的市场竞争环境中，从某种意义上说，产品策划能力强则企业强，产品策划能力弱则企业弱。但产品策划能力的建设绝不是在短时间内就能完成的，因为这是一项管理能力。正如理想汽车CEO李想所言，产品力不是一项技术能力，而是非常重要的管理能力，这和很多人的理解存在本质的不同，因为在形成产品的过程中最重要的因素是管理，而不是专业技能。

一个完整的产品策划体系包含五大职能模块：信息调查、商品企划、产品企划、成本企划和组织管理。其中，组织管理体系是指CE体系。为了准确把握丰田CE体系的精髓，我们做了大量调研和访谈，也结识了北川尚人先生，对北川尚人担任CE期间所取得的成绩非常敬佩。当看到他的这本书时，我觉得眼前一亮。作为许多畅销产品的CE，他把丰田CE体系的精髓浓缩为本书，让我们看到了丰田CE体系的全貌，特别是他主导的无试制车开发，我认为这也是丰田CE体系的创新成果。

我们已经进入了数字化时代，企业数字化转型的目的就是通过数字化赋能使企业无限接近终端用户，为终端用户创造全新的价值和体验。我认为CE就是产品开发团队中最接近终端用户的决策者。数字化赋能与丰田CE体系的融合将大大提升企业的核心竞争力。在与一家汽车企业的负责人沟通时，对方问我丰田CE体系有哪些显著特点，我总结了以下六点（绝大部分是本书中的观点）：

（1）CE体系是基于资源和成本约束条件，使产品最接近理想商品的决策和执行体系；

（2）CE是产品开发在公司战略、营销与销售、造型、设计、技术引进、生产、采购、财务等多个部门职责、利益的协调者和权衡者，是产品灵魂的设计师；

（3）CE及其领导的"Z团队"是产品开发成功的最终责任人；

（4）CE是技术与产品团队中最了解产品、最接近终端用户、最懂终端用户、最能实现终端用户期望的高级技术决策者；

（5）CE体系是减少产品研发与设计变更、缩短研发周期的最佳实践；

（6）CE体系需要强大的保障体制作为支撑，要建立在完善的生产、成本企划、供应链管理、销售和服务之上。

如果读者想知道丰田的CE究竟能够解决企业中的哪些问题，我想本书能够给出理想的答案。

王涛

中汽研管理科学研究（天津）有限公司副总经理

序　言

　　丰田汽车公司（以下简称"丰田"）的CE体系，曾经被称为"主查制度"。这是丰田产品开发体系的基础。CE负责监督包括车辆概念构想、造型、设计、评价、生产、销售、质量保证和售后服务在内的所有流程。丰田在开发每款车型时都会任命一位拥有20年以上工作经验的资深工程师（有时是造型设计师）担任CE，协调多个部门共同工作，致力于开发出畅销产品。

　　CE制度的根源可以追溯到1955年发布的第一代皇冠（Crown）汽车的开发时期。1953年5月，时任丰田技术主管董事的丰田英二（丰田汽车创始人丰田喜一郎的堂弟，后来升任社长）任命中村健也为皇冠的主查。

　　主查全面负责新车型的开发工作，但没有人事权。因此，为了确保自己的方针得到遵循，中村健也前往各地，重点拜访年轻的工程师，解释自己的想法并激励他们。他的方法被后来的主查沿用，逐渐形成主查制度的核心特征，成了丰田的特色和财富。

　　此后，丰田的规模不断扩大，组织架构也日趋复杂。1989年8月，丰田采用了"Chief Engineer"这个名称，以区别于因组织扁平化而在各部门迅速增加的"主查"。在通常情况下，CE之下还有数位相当于副CE的"主查",辅助CE完成开发工作。

苹果、谷歌、亚马逊等美国IT巨头借鉴了丰田的CE体系,将其拓展为"产品经理体系",取得了巨大的成功。令人惊讶的是,人们对此事知之甚少。产品经理体系的起源实际上正是丰田的CE体系。

近年来,日本企业的国际地位明显下降。2019年4月22日的《日本经济新闻》报道:"即将结束的平成时代显然应被称为'失败的时代'。从市值排名来看,在平成元年(1989年),全球市值排名前20位的企业中有14家日本企业,以NTT(日本电报电话公司)为首。但现在,丰田汽车位居第41位,是市值最高的日本企业。名列前茅的企业几乎都是美国和中国的IT企业。"这篇报道中继续写道:"为什么日本的企业停滞不前呢?小林喜光[①]认为原因是'企业的活力下降了'。由于无法开发出具有开创性的新产品和新服务,日本的企业和经济停止增长了,日本经济的根基开始动摇了。总而言之,在昭和时代迅速发展起来的日本企业正逐渐老化。日本企业日益成为厌恶风险的保守组织。"

在这样困难重重的背景下,丰田在2019财年成为第一家销售额超过30万亿日元的日本企业。在2020年5月举行的财务业绩发布会上,丰田宣布:"在2020财年,丰田的销售额保持平稳,几乎与上一年持平。预计2021财年的业绩会受到新冠疫情带来的影响,将大

---

① 小林喜光当时担任三菱化学控股公司董事长,他曾担任日本企业经营者协会秘书长。——作者注

幅下降，但预计利润仍将超过5 000亿日元。"

为何丰田的销售额能稳居日本企业之首？解释丰田拥有强大实力原因的所谓"丰田书籍"太多了，书店里有很多关于这些内容的书。但其中大部分的内容都是关于丰田生产方式（TPS）以及成本控制和品质管理的。有人认为，TPS与方便面被称为第二次世界大战后日本的两大世界性发明。

然而，只要我们仔细想想就会明白，TPS是一个关于如何大量、廉价、标准地生产产品的体系，换句话说，就是"HOW"（如何生产）。但是，对于产品来说，最重要的是"WHAT"（生产什么）。我们应当了解丰田运用TPS生产什么产品，以及如何开发产品。

市面上有专门的书籍介绍氢燃料电池车MIRAI（未来）、第一代普锐斯、第一代雷克萨斯等数量有限的车型的开发情况。然而，丰田绝大多数利润来自其他众多热门产品。我认为，让丰田能够持续开发畅销车型的体系才是丰田强大的秘诀。这就是丰田的产品开发体系，它以用户导向为基础、以CE为核心。

本书根据我的经验，介绍了鲜为人知的丰田产品开发体系和CE的真实情况。我根据自己担任CE10余年的经验，详细介绍了开发新车的流程和组织架构、CE的资质、支持CE体系的丰田体制等方面的内容。许多丰田技术部门的前辈也为本书的创作提供了很多支持。

加入丰田（当时为丰田汽车工业公司）后，我开始在车身设计部参与设计新车型的工作，之后在丰田和大发工业公司（以下简称

"大发")参与新车开发工作长达40年。在担任丰田的主查和CE期间（1996—2005年），我很幸运地成为许多新产品的缔造者。

创作这本书的契机是2019年初，经营战略咨询师酒井崇男对我说："TPS经常被认为是丰田强大的秘诀，但很多日本人对此存在误解。学会TPS并不意味着企业可以制造出既畅销又盈利的产品。世界各地的企业都在研究和学习TPS，但并没有哪家企业仅仅因为学会了TPS就能够在竞争中脱颖而出。那么，为什么丰田还是这么强大呢？这是因为丰田先以CE为主导的产品开发体系开发出了优秀产品，再由TPS负责大量生产。IT巨头通过借鉴CE体系导入产品经理体系而取得了巨大的成功。日本企业虽然引入了TPS，但还没有掌握打造'爆款产品'的方法，这就是日本企业发展不理想的根源。"

我希望本书能够帮助读者准确了解丰田的产品开发体系，并为开发新产品和新服务的企业研发人员提供参考。

目 录

第一章　赢得年轻消费者的青睐
——开发 bB

第二章　丰田开发新车的流程和组织架构

第一部分　丰田开发新车的流程

第三章　CE的资质

第四章　支持CE体系的丰田体制

第五章　CE的书单

第一章

赢得年轻消费者的青睐

——开发 bB

危机意识

1998年，时任丰田社长的奥田硕发表新年祝词，其中充满了危机意识。他说："1997年，丰田的总销量是484万辆，虽比1996年增加了9万辆，但由于日本国内市场低迷，我们没有达到销售497万辆的目标……虽然海外市场的销量连续六年创新高，但日本国内市场的销量为201万辆，比1996年减少了13万辆。我们在乘用车领域的市场份额连续两年低于我们设定的40%的目标，连续四年市场份额下降，这是一个非常令人失望的结果。从以往业界的市场份额情况来看，市场份额一旦下降就会兵败如山倒，随后有可能迅速持续下降。'最大的危机往往是没有危机意识'，我希望大家将去年市场份额下降的情况视为一个非常严重的问题，一定要有危机感……我想拜托大家：每个人努力实现自身变革、展现创造力，并改变现状，始终设定远大的目标并接受挑战，进而看清无法依据以往经验线性外推的情况，培养可以大胆求变的判断能力、行动能力。"

当时，我在负责小型车的产品企划团队中，在时任CE都筑功的领导下，担任计划于 1999 年 8 月上市的FunCargo^①车型的主查。都筑功说："尽管社长有那样深重的危机感，但公司整体和技术部门没有丝毫变化。我们可以通过FunCargo尝试一些新东西，要让人们说丰田'有变化了'。"

虽然新年祝词中没有提到，但丰田不仅在日本国内市场的市场份额出现下滑，而且在年轻消费者的细分市场上也落后于本田。有些记者揶揄丰田汽车是"大叔专用车"。这令负责产品企划工作的我感到非常懊恼，决心让目前正在开发的FunCargo成为夺回年轻消费者市场的王牌。

FunCargo热卖

在开发FunCargo时，都筑功极力提倡消除"丰田汽车不受年轻人欢迎"的标签。"到目前为止，丰田制造的汽车都是丰田'强加'给用户的。丰田开发产品的核心目标主要是自身可以便利地制造'产品'，而不是开发能够满足用户需求的'商品'。"都筑功说，"（我们要）反省固有的以制造者为中心的想法，在仔细倾听用户的心声之后再开始新车型的开发工作。"他向部门成员发出了激励檄文。此后，为了能够深度了解当时年轻人的想法，我们频繁走访年轻人聚

---

① FunCargo是基于Vitz平台打造的五门紧凑型休旅车。Vitz是后来天津一汽生产的威姿的原型车，在欧洲市场被称为Yaris（雅力士）。FunCargo是由fun（乐趣）、car（轿车）和go（出发）组合而成的。——编者注

集的活动场地和露营地。

　　FunCargo是丰田当时最重要的项目——欧洲小型车战略车Yaris的衍生品，属于紧凑型休旅车。只需将它的后排座椅收在地板下，三分之二的地板上就空无一物，车主就可以拥有一个令人惊讶的大空间（被称为"梦想·游艺空间"）。车主可以将山地自行车和滑雪板直接装进车内。如果车主想去露营，这辆车还能容纳两个睡在睡袋里的成年人。此外，我们还下功夫设计了很多创意设备，以刺激年轻消费者的购买欲。该车配备了一个可拆卸的内部顶灯，可以在露营地当作手电筒使用；配有符合日本民用电压标准的100伏的交流电源，方便车主在户外活动时使用电器。能以多种方式体验使用乐趣，为用户提供一个"能跑的屋子"是这辆车的卖点。

FunCargo及其主要卖点的宣传图片

我们还尝试用新的方式来向用户传达产品信息。结合年轻消费者的各种反馈、多种后排空间的使用方法创意，产品企划团队编辑制作了"第三目录"《自由自在享受FunCargo——空间活用手册》（我们通常将产品信息称为"第一目录"，选配部件信息称为"第二目录"）。

产品企划团队考虑到传统的营销方法无法将FunCargo的卖点完美地传达给年轻消费者，因此向销售部门建议：宣传FunCargo的文章不仅要在汽车杂志上发表，还要在普通杂志上发表等。在企业文化相对比较保守的丰田，销售部门对产品企划团队提出的建议往往持消极态度，但他们这次还是想方设法按照产品企划团队提出的建议开展营销工作。这么做是非常值得的，FunCargo一上市便大受欢迎，在发布后一个月，订单超过了31 000辆，约为预估数量的五倍，且年轻消费者购买该车的比例显著提高了。

然而，以奥田硕为代表的高层管理者似乎认为"仅凭FunCargo还不足以完全满足年轻消费者的需求，应该打造一款专为年轻消费者设计的汽车"。实际上，1997年8月，奥田硕在技术部门之外，成立了一个名为VVC（Virtual Venture Company，虚拟创业公司）的组织，核心目标是"开发面向年轻消费者的汽车"。VVC后来成立了跨行业联合项目"WiLL"，并于2000年3月发布了风格独特的四门轿车"WiLL Vi"。

对于以开发新产品为本职的技术部门来说，这并不是一件无关紧要的事。为了与VVC竞争，我们决定"开发攻占年轻消费者市场的王牌"，要比FunCargo的针对性更强。由于其被设定为Yaris的衍生产品，因此我所在的产品企划团队被指派来负责这个项目，那款车就是后来的"bB"。我记得那是在1998年初，当时我还在做FunCargo的主查，辅助CE都筑功开展工作，都筑功突然对我说："bB就交给你了。"

bB是"black BOX"（黑箱）的首字母组合。black（黑色）的首字母采用小写的原因是除了黑色之外，bB的车身还有其他颜色，比如白色和黄色，因此我们想弱化bB在颜色上的含义。与之相反，代表这款车形状的BOX（箱）要以大写的"B"表示，以示强调。在通常情况下，汽车名称是由销售部门在新车发布会前6个月左右，根据广告公司提案的候选名称来确定的。但bB在开发之初，从设计师绘制创意草图的阶段开始，这款车就被昵称为black BOX，简称bB。bB的车标也在开发早期阶段就基本定型了。虽然除了bB之外还有多个车名的创意，但大家最终认为bB是最佳选择。设计师的想法最终成为汽车的正式名称，这是非常罕见的。

开发始于市场调研

都筑功将这份重任交给了我。为了不辜负他的信任，我发誓："无论如何，我都会赢得年轻消费者的青睐。"我所在的团队先回顾了为什么丰田汽车不受年轻消费者的欢迎，以及为什么丰田已有的旨在攻占年轻消费者市场的项目直到现在都没有成功。结果显示，

丰田汽车在可靠性和质量方面的形象较好，但在品位和趣味性方面
的形象较差。造成这种情况的部分原因是：某车型的设计在开发之
初是会考虑趣味性因素的，但随着开发工作不断深入，由于担心上
司不喜欢冒险，开发团队就逐渐偏离了初心。

什么样的车才能被年轻消费者接受呢？为什么丰田汽车不被年
轻消费者接受呢？我反复思考这些问题的答案，试图让自己更加理
解年轻消费者的感受。

虽然当时的我已经40多岁了，很难体会20多岁的年轻消费者的
感受，但我想自己应该多去年轻消费者聚集的地方，去感受那里的
氛围，让自己的观念受到影响。年轻消费者的兴趣爱好极其广泛，
包括汽车露营、冲浪、单板滑雪、街头音乐……开发团队开始分工
去考察年轻消费者聚集的"圣地"。我还去了神户三宫，据说那里是
街头音乐的"圣地"。

大概就在那个时候，我在摄影周刊*FOCUS*（《焦点周刊》）上
看到一篇文章，报道了数十辆配备大型电视显示器和扬声器的汽车
聚集在一起的活动。我的好奇心被勾起来了，于是我立刻前往横滨
大黑码头一睹为快。第二次去那里时，我已不是一名游客了，而是
一名安装了巨大扬声器的FunCargo改装车车主。在这里，没有人去享
受自己车里播放的音乐和影像，而是设法吸引人们来看自己的车。

此时，我突然想到，个性化改装可能是一个卖点。当然，在此
之前一直存在汽车改装配件市场，但没有从一开始就可进行个性化
改装的汽车。我认为年轻消费者有一种心态，汽车在购买阶段还是

尚未完成的，他们有以某种方式改装汽车的愿望。很明显，年轻消费者不喜欢汽车制造商制定的条条框框，他们希望驾驶根据自己的品位进行个性化改装的汽车。

　　汽车开发始于造型开发。因此，我向造型设计师提出了强硬要求：能够吸引年轻消费者是无可改变的条件。我拜托造型设计师不要揣测公司高层管理者的想法，要把我们心底真正想要的方案拿出来。bB 的创意草图就是在这种情况下诞生的。

bB创意草图

"这辆车没给我们说三道四的余地啊！"

　　造型设计师的策略是仅展示由视频和音乐组成的路演资料，因此要冒着被人们说"应该更认真一些"的风险。

　　bB 的概念是"易于个性化改装的厢车"。在造型部门的造型工作顺利完成后，公司高层管理者表示"按这个方向推进"，并批准进行中期评审。

　　说实话，我对bB造型的印象是"不拘小节，有点儿用力过猛"，但我确信这是为了获得年轻消费者的青睐所必需的。如果我作为开发的总负责人要求造型设计师将造型设计得"稍微内敛一点儿"，那我就会重蹈覆辙。我决定保护年轻造型设计师的想法，让他们免受外部压力的干扰。不出我所料，商品企划部和日本销售部门的人对这种有点儿夸张的造型议论纷纷。销售部门的领导甚至事先向我吹风，表示评审当天一定会反对："这个尚未完成的设计方案没有资格进行中期评审，我们希望你们能再提高这个设计方案的完成度。"我抱着可能要推翻重来的心态，做好了放弃这个设计方案的心理准备，迎来了中期评审。

　　中期评审通常是在油泥模型或实体模型（看起来与实物一模一样的全尺寸模型）前进行，由负责产品企划的CE介绍车型的概念、卖点和规格。造型设计师解释产品的造型理念，根据既定流程介绍内部和外部造型的细节。不过，根据造型设计师的建议，他们在这次中期评审中没有进行任何传统形式的介绍，而是仅展示了年轻消费者与bB在一起愉快玩耍的视频和音乐。造型设计师们则站在油泥模型旁边，穿着夏威夷衬衫做路演，这引起了轰动。

　　路演结束后，我尝试从各个部门获取反馈意见，但迟迟没有人搭话。过了一会儿，奥田硕说道："这辆车没给我们说三道四的余地啊！"此言一出，就算是给这个项目开绿灯了。

　　虽然此次中期评审距离最终评审还有几个月的时间，但造型开发工作在这个阶段就已经基本完成了。这为缩短bB的开发周期做出了很大贡献。

从开发费用减半到无试制车开发

bB的企划和造型工作进展顺利，但作为CE的我面临着一个巨大的难题。分管产品企划部的冈本一夫董事对我提出的要求是"开发费用减半"。冈本一夫当时肯定觉得bB是一个不知道能否成为热卖产品的高风险项目，因此他希望我能尽快完成开发工作，不要浪费太多时间和精力。

我们最终提出的节约开发费用的解决方案是"无试制车开发"。其实，"无试制车开发"并不是我们最初的目标。为了达到"开发费用减半"的要求，从 1998 年中期开始，我们与负责管理开发费用的部门进行了多次讨论，大家一起回顾了迄今为止的开发工作，并考虑了如果没有重新设计并最大限度消除开发过程中的浪费，在各种情况下可以减少多少开发费用。我们反复进行模拟、推算，看看将几十台的试制车数量减少到一半、三分之一或五分之一，可以减少多少费用。

尽管如此，完成"开发费用减半"这个课题仍然是很困难的。在我们认为已经无计可施的时候，我以死马权当活马医的心态假设可以不制造试制车，以此为前提进行了计算，结果显示这样竟然可以实现"开发费用减半"的目标。因此，我决定认真考虑"在不制造一辆试制车的情况下，预测车辆性能并确认组装作业"的可行性。

在传统的汽车开发流程中，使用试制车开展各种研究是不可或缺的。开发团队要先根据试制图纸造出试制车，用来确认组装的难易度和车辆性能，如果发现问题，就要改变设计方案。这个过程往往需要重复若干次，以求提高图纸的完成度。待图纸完成度达到100%左右，模具生产工作就开始了。

20世纪90年代中期，信息技术的快速发展对汽车产品开发和生产技术领域产生了积极影响。1996年，丰田生产技术部门牵头研发出了V-Comm（视觉与虚拟通信）系统，这标志着数字工程开始应用于生产实践。V-Comm系统是一个可以根据车辆设计数据和供应商的零部件数据，在虚拟空间中以三维状态虚拟组装车辆的系统。利用此系统，我们能够对组装的难易度、部件是否互相干涉[1]、外观等方面进行探讨。我们不需要试制车，在屏幕上即可发现有问题的地方，这为缩短开发时间、降低开发费用做出了巨大贡献。即使没有试制车，图纸的完成度也能够提高。与海外工厂联动的虚拟视觉交流也成为可能。

与此同时，在计算机上模拟和分析试制车的技术CAE（计算机辅助工程）得到了空前发展。这使得在计算机上进行NV（噪声振

---

[1] 在机械设计领域，干涉是指两个或多个机械零部件在三维空间中因设计、装配或运动过程中出现的空间重叠或位置冲突，导致零部件无法正常安装、运行或功能受损的现象。这种现象会直接影响机械系统的性能、可靠性和安全性，是设计过程中需要重点规避的问题。——编者注

动）分析、强度／刚度分析、碰撞安全分析等成为可能。

考虑到这一背景，bB项目在生产技术部门和技术部门内部的评价部门的全力配合下，创建了约1 400个不依赖试制车的性能验证场景。如今的CAE分析技术更为先进，能够进行性能预测模拟的项目非常多，但当时还是很有限的。因此，我们花费了大量心思来做这件事。例如我们决定参考FunCargo的评价结果，因为它是与bB同平台、车身尺寸相同、配备相同发动机和驱动系统并且已经量产的车型。

确认性能具体的方法可分为以下六类：①CAE；②V-Comm；③图纸DR（Design Review，设计审查）；④改装车／设计模型；⑤评价替代品（活用FunCargo的结果）；⑥性能验证车（用实车确认）。

关于CAE的应用领域，除了NV分析、强度／刚性分析、碰撞安全性分析之外，在bB开发项目中，我们还尝试挑战了安全带锚固强度、车顶雪荷载强度、车门开闭耐久性强度、车门过度开启强度、雨刮器风噪等新的CAE应用课题。借助 V-Comm系统，我们不仅对零部件组装的难易度进行确认，还尝试发现可维护性、接线和管道领域的问题。我们还使用改装过的紧凑型MPV（多用途汽车）丰田RAUM（劳姆）来确认视野；使用造型实体模型来确认安全带的贴合性。总之，我们动员了所有可以调配的资源进行确认工作。

我还要求生产技术部门对全工序数字装配进行设计，在虚拟工厂中验证冲压件的成型性、大型保险杠的刚性、焊接工序；使用数字模型测试涂装工序中车身热变形情况等项目。在此之前，量产模具是以大量由试制车采集来的数据为基础制造出来的。所有部门都抱着放手一搏的决心努力推进工作。

如果我们以这些模拟的结果为基础，解决了所有问题，性能预测的结果符合预期，那么我们是不是就可以进行生产准备、制造量产汽车并开展销售工作呢？显然，这是不可能的，因为新车型在销售前必须通过日本国土交通省的认证测试并获得认证证书。用首辆量产车直接参加认证测试的风险还是很大的。为保险起见，我们决定制造一辆"性能验证车"，在提前确认了这辆性能验证车的各项指标能够通过认证测试后，再将其送到日本国土交通省参加认证测试。当然，我们也使用这辆性能验证车检查所有的评价项目是否与前期的模拟结果相同（因此，我们才将其称为性能验证车）。

此外，为了应对最坏的情况，我们集思广益，提前制订了危机应对计划。对于可能未通过测试的评价项目，或者不确定是否可以通过测试的评价项目，我们都提前预测了具体的失败原因，并准备了相应的解决方案和备用零件。这是为了避免在出现紧急情况时把时间浪费在考虑解决方案和准备零件上。即使未通过测试，我们也可以立即按照之前准备的解决方案调整车辆，然后顺利通过测试。当时，我们实际上对约60个项目提前制订了危机应对计划。

通过上述种种方法，我们完成了一个在开发费用减半、无试制车开发的前提下，可以推进开发工作的框架。这可能是丰田第一次在实际开发工作开始之前，就考虑得如此周密、谨慎，对工作推进方法进行讨论。

我花了好几个月时间，终于将所有工作都安排好。当我向冈本一夫汇报时，他一上来便问我："你终于弄完了？"当我做完情况说明后，他说："我希望你为此项目拼尽全力。"我没想到他痛快地同意了。为了让这个方法能够成功，我需要尽可能降低相关部门间的协调成本、消除由于沟通不畅造成的失误。我想让所有参与项目的人（设计、评价、生产技术、工厂、供应商等环节的相关人员）聚集在一个房间里工作，我请求让我使用"大房间方式"来推进工作。冈本一夫不仅同意了我的要求，他还考虑到车身设计至关重要而帮我选择了一位优秀的车身设计专家坂本直君。顺便说一下，"大房间方式"是我在承担这个项目近十年前撰写的一篇内部竞赛论文中提出的概念。

大房间方式

由于造型中期审查已得到批准，我们开始了以"严格按照日程表绘制完成度达到100%的图纸"为目标的战斗。我反思了以往开发工作的方式发现：快速高效完成绘图工作的关键在于与设计相关人员密切沟通。因此，我们决定要求所有相关部门——车辆实验部门、生产技术部门、工厂检查部门、会计部门（成本）、采购部门（供应商）的核心成员在一个房间里工作。我们把这个房间命名为"bB大房间"。生产技术部门的总部位于元町工厂，相关人员乘坐内部联络巴士前往位于总公司的bB大房间大约需要20分钟。因此，我很感激他们能够克服种种困难配合我们的工作。

在bB大房间的墙壁上，我们张贴了整车企划的概要，各部门、各小组的目标以及工作计划进度管理表的可视化看板。这样一来，项目的进展情况就一目了然了。bB大房间中有一张大桌子，相关人员可以快速展开图纸并讨论纸模型（用纸板制成的车身的部分模型）。由于我们的行动宗旨是当机立断，因此作为CE的我也一起参与讨论并从项目整体的角度出发做出决策，推动项目进度。采用大房间方式前后情况对比如下图所示。

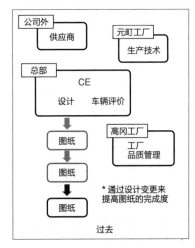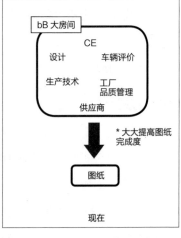

采用大房间方式前后情况对比

我们考虑并实施了各种措施，以防止绘图工作延期并提高图纸的完成度。例如我们提出了用"三步DR"的方法来避免出现绘图延迟的情况。如果在图纸发布日前几天检查图纸，发现有需要进行重大修改的地方，那么延期发布图纸就无法避免了。为了防止这种情况发生，我们要求在图纸发布日两周前、一周前、两天前共三次向上司提请检查图纸。设计负责人坂本直君忠实地完成了这项任务。

作为提高图纸完成度的一个窍门，我让评价部门和生产技术部门的相关人员也在设计图纸上签字，以证明图纸符合他们的要求。由于此前从未在图纸上签过字，有些评价部门和生产技术部门的人员在签字时因为责任感的压力而双手颤抖不已。

所有项目成员废寝忘食，为了成功开发出世界上第一辆无试制车的量产汽车而不懈努力。结果，我们几乎完全按照日程表交付了合格率接近100%的高完成度图纸。随着图纸提交并开始生产准备，以大房间方式进行交流的"战场"也从技术部门转移到了工厂（bB是高冈工厂制造的）。

完成度达到100% 的图纸

丰田自成立以来一直沿袭的绘制图纸的方法是先制造试制车，再找出缺陷，然后修改设计方案，不断重复此过程，逐步提高图纸的完成度。在试制车阶段，发现尽可能多的缺陷甚至是一件非常光荣的事情。但是，反过来看，这也表明了试制车所依据的图纸完成度较低。

从我加入丰田的时候（1976年）开始，设计检查表、设计手册、缺陷案例集、不良设计案例集、生产技术要求文件、评价部门和品质保证部门的缺陷复发预防资料等文件和数据日渐充实。为了减少设计变更进而提高图纸的完成度，丰田人每天都在不懈努力。

通过长期努力，以前要制造三次试制车，后来逐渐减少到只要制造一次试制车就可以了。然而，以几乎零设计变更的方式立即进行生产准备还是一个很大胆的决定。

除了CAE和V-Comm之外，我们还使用了各种方法进行性能预测，并且已识别缺陷的所有解决方案都在最终图纸中有所反映。这就是大房间方式起到的作用。在图纸发布后，我们就进入了生产准备阶段，安排量产模具、量产设备选型、制造。除了生产技术部门之外，我们还让很多供应商跳过了制作试制品的流程，直接开始量产准备。

在汽车沙龙展出

当量产准备工作如火如荼地进行时，新车发布准备工作却成了一件令人头疼的事情。"如何才能将bB的个性化定制概念完整、准确地传达给年轻消费者？"回顾丰田过去在这个领域的失败，我认为我们别无选择，只能尝试一些我们以前从未做过的事情。

每年1月在日本千叶县千叶市幕张国际展览中心举办的"东京汽车沙龙"，很受年轻消费者欢迎（最近此展比东京车展更受关注，但当时还是气氛有点儿奇怪的改装车展）。

bB的新闻发布会定于2000年2月举行。不过，因为bB是一款在各方面都基于个性化定制概念设计的汽车，所以我们团队的成员多田哲哉提议，将bB在东京汽车沙龙展示，这有利于提高年轻消费者对bB的认知度，从而提升bB的销量。

他的想法是让售后部门和丰田Modelista International（丰田造型国际）①参与进来，一同打造一系列前所未见的外观和定制零件。虽然以前也有在新车的新闻发布会上发布改装车辆的情况，但从未有在新车正式亮相之前就向公众展示改装车辆的先例。

为了提前安排定制化零部件，我们需要在新车发布会之前很早的时间点，向定制化零部件制造商提供涉及商业机密的设计数据。这是颠覆传统认知的做法。东京汽车沙龙充满了庆祝千禧年的气氛，汇集了各种精心打扮和调校的改装汽车，因此是一个非常适合bB发布的场地。

当时，负责东京汽车沙龙出展事宜的是丰田Modelista International东京分公司的岸宏光。在此，我引用他的博客"行云流水"中的内容，这段文字回顾了那段不平凡的日子。

转年的东京汽车沙龙是我一生中最美好的回忆。丰田Netz店销售部将发布一款前所未见的概念车，它在丰田内部被称为"黑箱"。这是针对参加东京汽车沙龙的年轻消费者的个性化定制汽车的完美典范。

① 丰田Modelista International是丰田下属的专业从事车辆改装、定制的企业。——译者注

当时，我是丰田Modelista International内部专门负责对接与丰田Netz店销售部相关业务的"Netz定制业务窗口"的工作人员，接受丰田Netz店销售部的委托，负责定制模型与零件的企划和营销的工作。当然，我参与了该车型的个性化定制的整体产品企划，但丰田Netz店销售部委托的工作可不只是这些，还包括在东京汽车沙龙上发布该车型。最终，我们被委以了宣传和活动企划的重任。

是的，那辆车就是bB！关于bB的故事我可以大书特书，以后别文再叙。东京汽车沙龙上确实发布过一些新车，例如日产的Skyline（天际线），但并不多。丰田原定于2000年2月上旬发布bB，但这样的话就赶不上东京汽车沙龙了。考虑到如此严苛的条件，我真的认为这个提议在丰田内部会被驳回。不过，丰田Netz店销售部和多田哲哉所在的"Z团队"（开发bB的CE所属的丰田组织）的热情却与以往完全不同。在说服了丰田的公关部和公司内部其他部门后，丰田Modelista International正式接受委托，在东京汽车沙龙上发布bB。

我请求丰田借给我10辆bB新车，以便在东京汽车沙龙上展出。此前，菲亚特500在进行改款时，多款拥有Carrozzeria①打造的车身、造型独特的菲亚特500在意大利都灵车展上展出，成为人们讨论的热门话题。我想利用东京汽车沙龙在bB身上做这件事。丰田公关部提出的唯一要求是，展位和车辆不得使用丰田汽车或丰田的标志。然而，这却让它变得更加神秘，并使得bB的话题性进一步得

———————————
① Carrozzeria是一家意大利的跑车制造与改装公司，以制造和改装高性能跑车而闻名。——编者注

到提高。

丰田Netz店销售部要求在2000年东京汽车沙龙预先发布将于2000年2月份推出的新款bB。为此，我们提前选择了8家后市场套件制造商。这些都是在东京汽车沙龙中广为人知的热门制造商，包括：WALD（瓦尔德）、Kenstyle（肯斯特尔）、DAMD（戴美德）、G Square（G平方）、Labrac（拉布拉克）、Giara（吉亚拉）、Data System（数据系统）和 XENON（氙）。我们向"Z团队"提出要求，获得bB的车辆信息，并在1999年夏天前后得到了相关信息。然而，实际上，在1999年11月前后，在小批量试生产车交付给这8家公司后，大家才能够真正开始推进相关工作。大家可能都放弃了圣诞节和新年假期，专注于制造个性化定制车。我事先已经看过设计图了，但直到东京汽车沙龙布展的前一天才看到实车。另外，丰田Modelista International还带来了当时十分流行的美式大包围版本的展车。丰田原厂配件也展示了2辆加装了原厂配件的展车。这使东京汽车沙龙总共展出了11辆bB。

如此庞大的车辆阵容，必须有与之相匹配的现场演出。因为我们没有太多预算和时间，所以无法委托像电通或博报堂那样的大机构帮我们安排现场演出。最后，我们委托了一家第一次接触与汽车相关业务的活动企划公司，并要求其企划出一个汽车行业中未曾见过的新演出形式。最终方案是将东京汽车沙龙的bB展台变成一个名为"DJ&Club bB Virtual Sound 2000"（唱片节目主持人&俱乐部 bB虚拟声音2000）的俱乐部活动，就像当时风靡一时的俱乐部现场一样。

现在的人们对于舞者在车展上表演可能已经司空见惯了，但这在当时的确是初次尝试。表演团队中有三人是专业舞者，另外七人是通过选秀活动从有模特或赛车女郎经验的人中选出的。虽然我们尽量选择有舞蹈经验、有品位的人，但要赶在东京汽车沙龙开幕前排练三四首舞曲还是很困难的。因为她们都是当红模特，本职工作都很忙，所以她们只能在下班后聚集在真正的俱乐部中进行实景排练，排练活动经常持续到深夜。在排练过程中，有些女孩之间会发生矛盾，但她们渐渐地成了朋友，并在实际表演中奉献了精彩的舞蹈。超过一半参与此次表演的舞者都是舞蹈初学者。

我们聘请的三位DJ（唱片节目主持人）也都是东京的当红DJ，首席主持人是才艺达人Naomi Grace（娜奥米·格蕾丝）。展台上根本没有丰田的名字，展台中央设置了一个2米高的巨大舞台，周围环绕着11辆个性化定制汽车。每天会举行四五次"俱乐部现场表演"，姑娘们每次都舞得满头大汗。"这是什么展台？"这个疑问和惊异一时间成为热议话题。以此为契机，新推出的bB大受欢迎。之后，这个舞者的团体被称为Club-bB（bB俱乐部），活跃在MEGA WEB[①]的活动和丰田在各地销售店的现场活动中。

---

① "MEGA WEB"是一座"参观、试驾、体验"式的汽车主题公园，通过展览和试驾丰田汽车，让参观者与丰田汽车亲密接触。这里还有卡丁车试驾、日美欧古董车展览等活动，使人们广泛体验汽车文化。——编者注

大受欢迎

　　bB在东京汽车沙龙上的发布活动取得了巨大成功。由于没有展示任何丰田标志，媒体就好像世间诞生了一个新的品牌一样对bB进行报道。bB成为一个热门话题，不仅在年轻消费者中引起热议，也给整个汽车行业带来了震撼。2000年2月，丰田召开了bB的新闻发布会。

　　所有相关人员的努力付出得到了回报，这款车爆卖。在正式发布后的第一个月里，丰田收到的订单就超过了25 000辆，是预估数量每月3 000辆的八倍多。此后近一年的时间里，bB的月销量保持在近10 000辆的水平。

　　"购买一辆在设计方面接近完美的汽车（更好），根据自己的喜好进行个性化定制，并提升它的完成度（最好）"的概念大获成功。bB销量大幅增长让丰田重新夺回年轻消费者市场的主导地位，这也是bB项目的最初目标。除了汽车杂志外，商业杂志*President*（《总裁》）还以《"大叔公司"决定"不干涉年轻人的感性"》为标题对bB进行了重点报道。我很高兴能听到丰田的产品开发工作正在发生改变的论调。顺便说一句，我们也实现了"开发费用减半"的目标。

定制外观"龙"版bB（2002年2月，新闻发布会）

丰田开发新车的流程和组织架构

第一部分　丰田开发新车的流程

开发流程是并行推进的

在第一章中，我介绍了FunCargo和bB的开发案例。在第二章中，我想介绍一下在一般情况下丰田新车开发的大致流程。大多数人在想到汽车开发时，会认为汽车开发的流程是先从市场上收集各种意见的商品企划，然后由造型设计师绘制草图并制作油泥模型，后面是设计师绘制图纸、试制车制造和评价、生产准备等步骤，经小批量试生产后，最后在工厂进行大规模生产。在位于日本爱知县丰田市丰田总部区域的公关设施"丰田会馆"中，"汽车是如何制造的"展览也说明了以下流程。

（1）调研企划：汽车因用户的心声而诞生；

（2）造型：绘制汽车的概念形象；

（3）制作油泥模型：制作全尺寸模型；

（4）色彩造型：决定汽车的色彩；

（5）设计：绘制汽车图纸；

（6）制作试制车：造试制车；

（7）测试：进行大量测试；

（8）生产：在工厂批量生产；

（9）物流：运输汽车；

（10）交付：将汽车送到用户手中。

但令人感到遗憾的是，在整个流程的说明中，并没有出现本书的主题"CE"。

上述只是汽车开发的一般流程，但在实际的开发过程中，各个流程并不是直线推进的，而是并行推进的。我想对每个流程由哪些部门或小组负责、公司高层管理团队何时以及如何做出决策、CE在这个流程中扮演什么角色、如何协调各方主持新产品的开发工作等进行详细说明。

在汽车行业，从新车概念获批到产品下线的这段时间，被称为开发周期。直到20世纪90年代中期，日本汽车企业平均需要30个月才能完成新车开发的各项工作。能够灵活地推出符合市场情况的畅销新车，成为各汽车企业必须面对的挑战。每家企业都在努力缩短新车开发周期，结果bB的新车开发工作用了13.5个月、ist[①]的新车开发工作用了10个月，实现了缩短新车开发周期的目标。

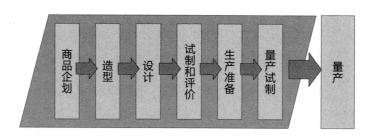

直线推进的流程图

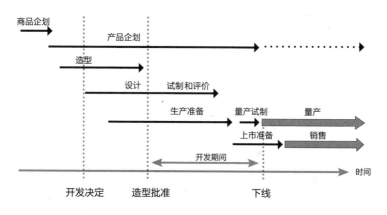

并行推进的流程图

---

① 丰田ist是基于Vitz平台打造的高端多功能紧凑型轿车，外观类似跨界车，空间宽敞，但体积小巧，燃油经济性高。"ist"是英语中的常用后缀，带"ist"的单词经常是指某方面的专家，比如科学家（scientist）、艺术家（artist）等。丰田希望ist的用户都是事业蒸蒸日上的青年，在未来成为某方面的专家。——编者注

我们可以看到，并行推进的流程图中出现了直线推进的流程图中没有的"产品企划"环节。我稍后会对此进行详细说明，现在希望大家先了解以下内容。

商品企划：从销售和市场角度对车辆进行规划。

产品企划：从开发和生产角度对车辆进行规划。

我想在此定义一下"开发"这个词，狭义上的"开发"包括产品企划、造型、试制和评价，广义上的"开发"在狭义的"开发"的基础上还包括属于前流程的商品企划、属于后流程的生产准备和小批量试生产。研究丰田的学者和经济记者有时也会混淆这些术语。在本书中，我提到的"开发"主要是指狭义的"开发"。在特指广义上的"开发"时，我会注明"开发（广义）"（××开发这种说法用于很多地方，商品开发、产品开发、技术开发、研究开发、先行开发、量产开发等，故而容易造成误解）。

新车开发项目大致可以分为A、B、C三类。

A类项目：以研发为导向的项目，例如燃料电池汽车MIRAI和第一代普锐斯；

B类项目：以开拓市场为导向的项目，即"新车型"；

C类项目：以应对市场变化为导向的项目，即"改款车"。

在本书中，我们将以数量占绝大多数的B类项目和C类项目为例进行讨论。

商品企划

如直线推进流程图和并行推进流程图所示，新车型开发是从商品企划开始的。以事务性工作为主的丰田的商品企划部主要考虑的内容是中长期的产品线（lineup），也就是对现有的车型进行规划。比如核心车型皇冠、日冕（Corona）、卡罗拉（COROLLA）进行改款的时间，以及面向不断扩大的市场何时投入其衍生车型和新车型。接下来，他们会针对每个车型大致探讨目标用户群体是否真的存在、哪些卖点会吸引用户购买、销售价格范围以及销量目标等，然后将上述内容形成提案，呈报给商品企划会议以获得高层管理团队批准。在商品企划会议上获得批准后，企业会任命此项目的CE和主查。从这时起，为了后面的开发、生产工作做准备，产品企划就要开始了。

一般来说，企业在启动项目时，往往先从商品企划开始，然后进行产品企划。但在现实中，有很多开始项目的方式，例如bB项目的开始方式就如第一章中描述的那样。

2006年1月上市的第八代①CAMRY（凯美瑞）经历了五年改款周期。我是在已到了不得不开始开发下一代改款车型的时候，被任命为CE的。当时，CAMRY在美国的销量很好，有能力争夺美国乘用车市场销量第一的位置，但有人说它是一款无趣的汽车。我收到了来

————————————
① 日本和中国划分凯美瑞代数的方法不同，本书所指的第八代凯美瑞在中国被称为第六代凯美瑞。——编者注

自分管产品企划的高层管理者的非正式指示，他说："就像bB一样，我们要做一款不同于以往风格的改款车型。"针对一款在巅峰时期每年全球销售超过80万辆的车型进行改款，我现在依然清晰地记得当时感受到的重压。

因COROLLA Van（卡罗拉厢型车）和CALDINA Van（卡尔迪纳厢型车）的产品吸引力有所下降，商品企划人员决定将上述两款车型利用Vitz平台进行统合改款，那就是Probox·SUCCEED（专业厢型车·成功，简称为PROSUC）。我被任命为这个项目的CE，由此开始了产品企划工作。

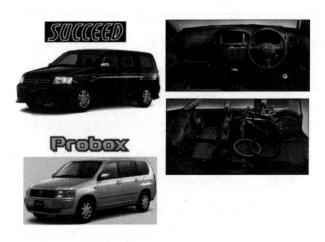

SUCCEED（上）和Probox（下）

照片摘自产品目录

产品企划

第一步：CE Image

根据商品企划会议上批准的提案，使用技术人员的语言对其进行"翻译"的工作，被称为产品企划。

为了让自己对新车型满意，CE要收集各种经营信息、销售部门的意见（日本国内企划部门、海外企划部门、丰田直营店销售部门等）、质量部门的意见。此外，CE还要收集竞争对手的新车信息，对要开展产品企划的新车型的开发关键词和车辆概况（主要包括车辆规格、性能、造型形象、卖点、价格区间等）进行整理总结，形成"CE Image"（CE愿景）。这是CE的第一项重要工作。

在这个阶段，CE要暂时将成本和开发费用的限制条件抛到脑后，要以梦想和理想为核心进行思考，形成产品企划方案，然后提交给相关部门，作为下一步推动造型和具体课题讨论的核心内容。

在CE Image的基础上，CE可以用1：5模型的总布置图（如果用房子做比喻，就是户型图）体现新车型的基本布局，让造型部和其他设计部对其进行细化。

顺便说一句，第八代CAMRY的CE Image是以"创造中高级轿车全球新标准"的理念为出发点推进的。

第二步：CE构想

在CE Image的基础上，CE要与销售、造型、技术、生产技术、工厂、质量保证等各部门沟通新产品的可行性，然后调整CE Image，最终形成的方案就是"CE构想"。CE以此作为最终开发提案，在产品企划会议上提交公司高层管理团队审批。如果开发提案没有获得批准，开发工作就无法向前推进。我亲眼看到过许多项目屡屡受挫，以至于开发工作进度不断推迟。开发提案能否一次上会即获得批准，是检验CE能力的关键。

顺便介绍一下，我在担任第八代CAMRY的CE时，提交的最终开发提案包括以下10个部分：

第一部分，企划背景；

第二部分，开发着眼点；

第三部分，卖点；

第四部分，"产品力"目标；

第五部分，总布置；

第六部分，车辆各部概述；

第七部分，车种构成；

第八部分，重量企划；

第九部分，成本企划；

第十部分，开发进度表。

我们列出了第八代CAMRY的四个卖点：

① 一款在布置方式上超越了FF①轿车通常进化模式的时尚轿车；

② 同类级别中领先的安全配置；

③ "新型V6发动机+新型自动变速箱"带来令人印象深刻的加速感；

④ 无与伦比的内外饰质感。

具体来说，我们将解释在造型理念、性能目标、符合法律法规、配置规格以及五大主要组成部分（车身、底盘、发动机、驱动系统和电子）的设计方案中将使用哪些关键技术。正如后文中将详细解释的那样，成本企划即目标利润额会由财务部门提出，我必须对"目标成本实际是可以达到的"进行说明。大约6个月后，目标成本将在产品企划会议上讨论并审批。在大多数情况下，公司期待新车型的"商品力"很高，但要求CE必须根据目标成本设计新车型，想方设法实现目标的艰难之路从这里开始。

一旦CE构想获得产品企划会议批准，我们将进入造型、设计阶段。产品企划涉及的工作包括发布车辆规格、计算成本和重量、监督并保障产品设计工作按照CE构想进行。

---

① 汽车发动机与驱动轮的布局方式对汽车的性能具有重大影响，通常包括前置前驱（FF）、前置后驱（FR）、中置后驱（MR）、后置后驱（RR）和四轮驱动（4WD）。——编者注

造型

　　根据CE Image和CE构想呈现的设计理念，负责外观和内饰设计工作的造型设计师先绘制草图，然后开始考虑外部颜色和内饰用料。如果是全球车型的话，美国和欧洲的造型开发基地也会提出具有竞争力的草图方案。通过各种途径收集上来的草图经过选拔后缩小范围，然后进入制作油泥模型阶段。油泥模型一开始的尺寸比例是1∶5，当方案定型后，油泥模型的尺寸比例将是1∶1。此外，从20世纪90年代末开始，设计方案不仅有油泥模型，还能够制作数字模型，这有助于缩短造型的审查周期。

　　由于造型对产品的销售表现影响很大，因此设置了三个审核环节（创意选择、创意确定、创意批准），我们在每一个审核环节都会仔细倾听销售部门和经营团队的意见，也会分析时代的变化趋势以及竞争对手的信息。通过这种方式，造型方案被筛选并缩小范围，逐步接近最终方案。

　　当进入制作1∶1尺寸比例模型的阶段时，我们要开始与设计部门、评价部门和生产技术部门进行数据传递。我们要仔细检查很多要点，包括设计角度构造是否合理、性能（特别是空气动力学）是否良好、是否可以在工厂实施量产、成本是否可以控制在目标之内等。造型设计师、设计人员和生产技术人员之间发生激烈争论的情况并不罕见。在对关键节点进行讨论时，CE会在场，提出自己的要求。获得高层管理者批准开发决策和产品创意，也是CE在开发工作前半程中的重要节点。获得批准后的造型数据会进入后续流程中，造型开发工作便完成了。

上述是大多数新车型开发项目中的造型开发流程，但我经历的bB和ist的情况有所不同。它们都是在造型部门的初步探讨阶段就确定了良好的造型方案，并且高层管理者迅速做出了量产的决定，因此我们匆忙地开始了全面的设计工作。与之相反，一些项目在获得造型批准环节就遇到了很大困难。第一代RAUM的开发项目就曾经历了九次造型审核未通过，后续的设计工作始终难以落地的困难局面。

设计

五个主要设计部门（由于推进业务细分，现在的设计部门数量有所增加）分别是车身设计部、底盘设计部、发动机设计部、驱动系统设计部和电子设计部，分别负责零件的设计工作。

设计流程是根据定型的造型方案，制作可批量生产的零件设计信息（图纸）的阶段。

当说到设计时，人们可能会想到它是绘制图纸的工作。但在实际设计工作中，在绘制图纸之前，我们要考虑零件的作用、在规定的限制条件（如成本、重量、生产规制等）下如何实现、零件的形状以及从工学的角度来看是否美观等。在确定上述事项后，我们才开始绘制图纸的工作。

然而，完成度达到100%的图纸并不是一次就可以绘制完成的。在实际工作中，图纸的完成度是分三个阶段逐渐提高的：①结构设计图；②SE（同步工序）图纸；③正式图纸。

第一阶段的结构设计图就像是车身骨架和板材连接部分的剖面图的集合。如果将其与打高尔夫球进行比较，第二阶段的SE图纸就像是打高尔夫球中的练习挥杆或试击，SE图纸被传递到后工序的生产技术和工厂部门，用于初步探讨生产的便捷性、生产设备和模具设计。探讨的结果被反馈到设计部门，设计部门据此确定第三阶段的正式图纸。车身设计负责的工作大部分取决于造型，因此新图纸的数量是最多的。

我们现在讨论的车身设计方案，也就是组装到车身上钢板部分的数以万计的零件设计方案，需要依靠众多供应商（合作公司）配合。丰田会提出外包零件设计申请书（外部设计申请），这是由供应商设计零件、丰田进行审批的方式。典型例子包括空调（电装）、组合仪表（电装）、前照灯（小糸制作所）、后组合灯（小糸制作所）、汽车音响（先锋）、发动机电脑（电装）、线束（住友电装等）、轮胎（米其林、邓禄普等）等。

底盘设计部和电子设计部也会先绘制草图，再结合各部门探讨、反馈的结果，力争绘制出完成度达到100%的正式图纸。这里既有丰田内部绘制的图纸，也有委托供应商绘制的图纸。

发动机和驱动系统的设计工作需要的试制和评价周期比车身、底盘和电子部件的设计工作更长。因此，如果新车型需要开发新发动机、驱动系统，那么新发动机、驱动系统的开发日程是与新车型的开发日程分开进行的；如果新车型采用现有的发动机和驱动系统，主要涉及安装及车辆兼容性的设计，那么这部分工作就会被纳入新车型的产品开发计划日程中。

这样一步步完成的图纸，在CE签字后才算定稿。所有设计图纸上都有相关人员签字的位置，签字栏分为设计者本人、设计者的直属领导、产品企划部。虽然产品企划部的签字栏只有一个，但通常需要两个人签字，分别是CE助理（主查、课长级、系长级）和CE本人。

试制和评价

有试制车的情况

一般来说，开发团队会根据图纸的构想制造试制车。首先，需要较长制造时间的车身采用板材制成。试制车的车身先用模具压制钢板，然后由技术熟练的工匠根据图纸手工精心制作而成。在试制钣金工厂见到与图纸一模一样的样车的时候，设计人员往往会很激动，那种心情是难以言表的。此后，工匠还要焊接零件并组装发动机舱盖、车门等，试制车的车身就逐渐接近设计方案的构想了。

待组装的零件（从发动机等大型零件到车标等小型零件）由单元试制工厂和供应商制造，然后根据组装顺序在指定日期被运送到组装地点，按照量产时设想的顺序组装在涂装完成的车身外壳（钢板制成的车身）上。这样，试制车就逐渐完成了。此时，生产技术部门会严格检查各项作业是否能在量产时顺利进行。当然，CE也会在场。

顺便说一句，在20世纪80年代，一辆试制车的生产成本从数千万日元到上亿日元不等。

试制车在制造完成后要通过检验环节，才会移交给相关部门进行评价。评价的项目包括安全性、强度／可靠性、操纵稳定性、动力、振动噪声、发热等。就安全性而言，例如在碰撞测试中，有些车在瞬间就完成了其历史使命。如果出现问题，开发团队就要立即召开对策会议，确定采取何种对策，如调配零部件、调整试制车等，并决定下次测试的时间。评价项目会因车型而异，bB在开发时，大约通过了1 400个评价项目。

经过多轮项目测试、缺陷识别和对策调整的循环，如果试制车通过了所有评价项目，那么开发工作就算是完成了。

从这里开始，新车型终于可以进入生产准备的阶段了。如上所述，试制车被制造出来，进行项目评价、缺陷识别，进行了相应对策调整的设计方案变更被纳入图纸。通过多次重复这个过程，图纸的完成度不断提高。在我加入丰田时（1976 年），试制次数不是一次，往往是两次，甚至是三次。在一些开发项目中，甚至会制造超过100辆试制车。

无试制车的情况

因为使用试制车进行开发既耗时又昂贵，所以为了在全球汽车开发竞争中生存下来，以设计、评价部门为首，丰田的各个部门都在努力减少试制车的数量，以降低开发成本并缩短开发周期。

试制车的数量开始逐渐减少，并且从 20 世纪 90 年代中期开始，随着IT技术快速发展，出现了使用计算机软件模拟车辆情况而不制造试制车的趋势。丰田第一个无试制车的量产项目是前面介绍的bB，之后很多项目都是在没有试制车的情况下完成开发的。

生产准备、小批量试生产

生产准备的工作并不是在收到正式图纸后才开始的，而是从结构设计图阶段就开始的。当SE图纸的探讨工作完成后，项目开发工作就会进入产品企划工作的一个重要的管控节点"生准着手"（主要检查是否存在重大设计变更的隐患）。这是SE图纸得到批准，以正式开始生产准备的关键节点。

经此之后，设计相关人员开始绘制正式图纸，生产准备相关人员开始推进模具、设备的设计工作。在制作量产模具之前，我们还要再召开一次会议，确认是否可以开始着手制作模具。供应商也在同步推进相关工作，为量产做准备工作。顺便说一句，即使到了这个阶段，参与项目的全体成员也在为降低成本而不懈努力，例如设法提高成品合格率、通过简化模具结构来降低材料成本、降低生产设备成本、缩短工序周期等。

一旦量产的模具和设备准备就绪，我们就可以使用量产模具制造零件，并将这些零件集中到工厂的试验生产线上，开始在被称为小批量试生产（此阶段生产的汽车不会出售）的生产线上进行组装作业。小批量试生产的生产速度刚开始很慢，但会逐渐变快，最终要以与量产时相同的速度进行测试。

在工厂进行小批量试生产时，包括CE在内的产品开发部门的骨干成员会在工厂驻扎数月。他们被称为RE（Resident Engineer，驻厂工程师），需要仔细检查小批量试生产车辆的各项性能是否达标，以确保其符合设计要求。此外，因为车辆需要通过政府认证才能在日本销售，所以小批量试生产的车辆需要接受测试并获得认证。至此，所有的开发（广义）工作均已完成，新车型就可以开始量产了。

发布准备

随着开发工作接近尾声，发布准备工作正式开始。如果开发的项目是一个全新的车型，那么企业会尤为重视。CE会严谨地检查宣传用的新闻稿资料，对于产品目录中的专业用语、尺寸、性能及其他详细参数，更是要仔细检查、核对。

如果公关、销售部门能把这些工作当作分内职责，那就太好了。但在大多数情况下，他们只是将其扔给技术部门。其中最重要的工作便是制作电视广告。我们要前往位于东京的丰田宣传部门，向广告公司阐述新产品的总体情况和目标用户。宣传部门通常会召集三家广告公司，听取我们对车辆的产品企划概述。大约一个月后，广告公司就会向我们展示广告草稿，即分镜头剧本。如果广告公司准备使用明星演员，也会向我们通报候补人选。在将投票范围缩小到最终方案时，CE也会有投票权。

因为我主持的开发项目多为全新车型，所以我特别注重提高全新车型的知名度。我不仅希望消费者能够快速记住新产品，也希望销售店铺的销售人员能够快速记住新产品。

成本企划

正如在第四章"支持CE体系的丰田体制"中详细阐述的那样，毫不夸张地说，"产品企划工作=成本企划工作"。可以说，这是丰田的强项之一。CE会从产品企划的初期开始多次跟进，检查成本把控情况。即使在大规模量产开始后，丰田有时也会开展被称作"日元升值紧急成本削减"的特殊削减成本的活动。在这些时候，CE都要一马当先。

从"售价−利润=成本"的公式着眼，每个设计部门都被分配了严格的目标成本。当然，在多数情况下，CE会和各个设计部门相互沟通配合，也会与各个设计部门一起考虑削减成本的策略，想方设法实现目标。

　　有时，我们不仅会采取降低成本的措施，还会对销售部门说："这么好的车，即使价格再贵一点，销量也会很好。"这样协商提高售价或增加成本预算中的计划销售数量。我们还会彻底调研竞争对手的成本以及生产现场是否存在浪费。为了实现降低成本的目标，CE会想尽一切办法。

　　控制成本的关键节点有三个：①SE图纸开始前的成本企划会议（目标成本审议）；②正式图纸发布后的成本企划会议（成本实现报告）；③下线前几个月的成本企划会议（小批量试生产成本跟踪）。

　　正如成本企划流程和重要节点会议示意图中所示的各时间节点，每场产品企划会议都有高层管理者参加，CE会被问很多尖锐的问题，受到"狂轰滥炸"。每个节点都设有必须满足的标准，如果无法通过这些关卡，CE就无法推进工作。CE拥有高超的技巧是突破这些关卡的关键。

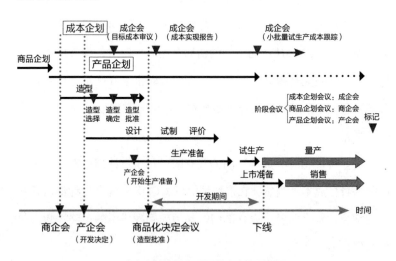

成本企划流程和重要节点会议示意图

44

有时，高层管理者甚至会提出诸如"即使推迟下线日期，也要实现目标成本"的严厉要求。丰田对于成本的要求真的非常严格。我在调任大发以后才知道，在大发，即使开发阶段的目标成本没有达到，开发团队也可以征求高层管理者许可，说："下线后，我们会通过降低量产成本最终实现目标。"这样一来，新车便可按日程下线。然而，一旦开始量产，成本就很难降低了，降低成本的目标往往也不可能达到。

以上是新车开发的流程，我想大家能够大致了解CE存在的重要意义了。各功能板块的作用都很重要，但如果各个功能板块都很优秀却各自为战，那么就很难设计出优秀的热门产品。

第二部分　丰田开发新车的组织架构

CE隶属于产品企划部

我在这里想介绍一下开发组织和角色分工。被称为"产品的社长"的CE隶属于哪个部门呢？ CE是隶属于产品开发部门内的产品企划部。因为CE被称为"产品的社长"，所以很多人会认为CE在整个组织中的地位极高，可以监管所有部门，但从组织制度上来看并非如此。按照我的理解，CE隶属于产品开发部门（工程师团体），在本质上还是技术人员，因此CE在丰田被称为"首席工程师"。

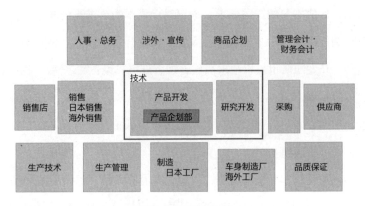

丰田的主要部门示意图

产品开发部门（主要负责量产开发）和研究开发部门（主要负责先行开发和研究开发）被统称为技术部门。与其他部门相比，技术部门的人员很多。随着丰田的发展及车型数量增加、销售网点分布全球，丰田的组织开始变得臃肿。为了尊重各车型项目在开发工作中的统一性，丰田于1992年9月实行了开发中心体制，将臃肿的产品开发部门分为三个中心：第一中心负责FR车型，第二中心负责FF车型，第三中心负责商用车型。2016年4月，丰田启动了名为"公司制度"①的重大组织变革，将企划、开发、生产技术和工厂进行统一整合。在一系列制度变更后，部门名称、部门与部门间的关系自然

① "公司制度"是指将公司内部的各个事业部作为独立的"公司"来管理的制度。这是将原本属于公司高层管理者决定的预算和人事等权限全部赋予各个事业部，各个事业部根据实际情况进行决策。事业部采取独立结算的方式，能够更加完善地管理收支状况。——编者注

也发生了变化。为了使读者更容易理解汽车开发的流程、各部门的
角色以及CE的职能和作用，本书特意使用了较为简洁的实行开发中
心体制之前的组织架构进行介绍。

相关部门

虽然技术部门在产品开发工作中处于核心地位，但技术部门与
其他部门的关系是平等的。丰田的主要部门示意图只展示了涉及新
产品开发的相关部门。除此之外，丰田还有许多其他部门。丰田每
个部门的功能都非常强大，每个部门都坚信自己工作方向的正确性
并全力推进。这是丰田的企业文化。

"商品企划"是开发的前工序，商品企划部负责新产品的中长
期规划以及个别新产品的定位。

销售部门包括日本销售部和海外销售部。日本销售部按照不同
的销售渠道进行划分。海外销售部按照不同的地区进行划分。

管理会计部门不是负责记账业务的部门，而是处理管理会计
业务的。管理会计部门既会发出指令推动降低成本活动，也负责管
理公司利润计划，并就新产品开发过程中单台车辆应提高多少利润
等提供指导。对于公司而言，管理会计部门是名副其实的利润计划
中心。

采购部门是负责统筹所有采购物品业务的部门。对于CE来说，
这里能扛起"全球最优采购"的大旗，是能够寻找到满足成本、质

量、稳定供货等条件的供应商的部门。

生产技术部门在整车制造体系中涉及冲压、焊接、涂装、总装、树脂成型等工艺；在单元制造体系中涉及铸造、锻造、机械加工、机械组装等工艺。这是最能体现丰田生产方式精髓的部门。

制造部门是丰田旗下诸多工厂的统称，包括元町工厂、堤工厂、高冈工厂、上乡工厂等。丰田曾经将车身制造的工作外包给车身制造商，例如RAUM就曾委托中央汽车公司（现为丰田汽车东日本公司）制造车身；PROSUC的车身是由大发制造的。如今，丰田在全球各地拥有许多工厂。

品质保证部门处理丰田在世界各地车辆出售后的投诉信息，负责分析用户反馈的缺陷的真正形成原因。

技术部门

技术部门是由产品开发部门和研究开发部门组成的。CE隶属于产品开发部门的产品企划部。产品企划部要对接上文提及的各个职能部门。产品企划部设有造型部、五个主要设计部门、试制部、车辆实验部、材料技术部、知识产权部、技术管理部等。在产品企划部内，每位CE都有一个名称中包含"Z"的团队。Z是英文字母表的最后一个字母，这象征着该团队对新车型的开发工作负有最终责任。"Z"后面再添加代表车型的字母就是具体产品企划团队的名称，例如COROLLA的产品企划团队被称为"ZE"，CAMRY的产品企划团队被称为"ZV"等。

在各产品企划团队中，CE之下往往还会设置1名主查。有时CE会直接进行指挥，但对于COROLLA、CAMRY等重点车型，CE手下往往会有多名主查辅助工作。比如我负责过的CAMRY的产品企划团队共设有3名主查：1名主查负责日本和北美的车型；1名主查负责亚洲其他国家和地区的车型；1名主查负责HV（Hybrid Vehicle，混合动力汽车）车型。

在主查之下，产品企划团队还有4到6名课长级、系长级的主查助理，大项目则会有10人以上。人数多寡将取决于项目的规模和难度。另外，如果CE有车身设计的工作背景，那么主查就会选择具有发动机设计或实验工作背景的人，这样可以保证团队整体技术能力的平衡性。

CE领导的团队

但是主查助理的人选并不是从项目一开始就指派的，而是随着项目开发的进度和任务数量增加而增加的。

CE及主查会从整体上负责整车开发工作，纵向串起造型部、五个主要设计部门、试制部、车辆实验部等部门的团队和成员，合作推进开发工作。经常有人问我："CE的上司是谁？"CE的上司是产品企划部的负责人。该负责人比较特殊，因为他不是部长级的领导，而是董事级的领导。

经过20世纪90年代初的组织改革和引入开发中心制度后，董事级的"中心长"成了CE的上司。顺便说一句，产品开发部门的负责人是分管技术的副社长，同时负责研究开发部门。2016年4月，丰田以产品群为单位，启动了"公司制度"，共设置了七家Company（公司），其中四家与车辆相关，分别为：

"Toyota Compact Car Company"（丰田紧凑型车公司）；

"Mid-size Vehicle Company"（中型车公司）；

"CV Company"（商用车公司）；

"Lexus International Co."（雷克萨斯国际公司）。

2017年1月，第五家与车辆相关的Company "新兴国家小型汽车公司"成立。

因此，尽管CE被称为"产品的社长"，但在公司制度的体系内也只是产品开发部门下属产品企划部的一名部长。如果有人问我CE是否可以自由地做想做的事，答案一定是否定的。一般来说，CE会在与自己的上司——中心长（董事）协商并获得批准的情况下推进开发进程。因为在许多情况下CE需要与产品开发部门以外的团队、人员协作才能顺利推进工作，所以说服力、协调力和领导力对于CE来说极其重要。在丰田，每个部门都有很大的权力，如果某件事符合该部门的既定方针，那么就很容易顺利推进。反之，在尝试新的工作方式时，CE就要经历一场辛苦的斗争。我们首次尝试无试制车开发时就遇到了很多困难。

CE有时会说："我已经决定了，这件事情就这样做吧！"但各设计部可能很难接受CE的决定，或者CE需要各设计部之间通力配合。在这种情况下，主查和主查助理就会作为润滑剂在各设计部之间发挥协调作用，寻找可以实现目标的、现实的解决方案。因此，CE、主查、主查助理的组合及团队协作，也是CE体系中的要点。

CE的一天

CE所在的产品企划团队"Z团队"被戏称为"万能咨询处"，因为经常会有设计师、产品开发部门的人员以及其他部门的人员来访，全天不间断开会的情况也并不少见。他们会提出诸如"无法实现目标成本，希望CE能够降低要求"之类的请求，以及汇报"在实现性能目标方面遇到了困难"的情况。但是，CE是不能够轻易妥协的。CE会带领大家共同面对困难，以现实问题为切入点，一起探讨解决方案，通过头脑风暴等方式想出创意。

在位于日本丰田市的丰田总部，会议是以分钟为单位不间断安

51

排的。由于CE不可能参加所有会议，因此CE会在每天早上指派多名主查助理参加会议，给他们分配参会任务，明确会议的议题和方向、需要落实的要点，并授予他们便宜行事的临场决断权。

由于丰田有重视"现地现物"的传统，因此有很多涉及查看现场情况的日程安排，比如"我们有一个改进造型的方案，希望您看看""我们针对某故障进行了改善，希望您看看""我们设法提升了试制车的舒适度等性能，希望您试驾一下"。

我也会参加自己负责的项目之外的活动，以此不断学习并获得灵感，比如观摩竞品车拆解展示、参加零部件降低成本研讨会、列席竞品车的实车造型评审、参加其他CE的项目开发进度汇报会等。我还必须利用碎片时间准备必须出席的会议（如介绍新产品的经销商代表会议、公司外部的演讲会等）的相关资料。

CE需要经常出差，日本国内出差的任务包括参加零部件制造商的新产品及新技术的提案活动、东富士测试场的试乘试驾会、外部委托开发承包商（如中央汽车、丰田自动织机和大发等）的业务报告会、广告公司沟通会等；海外出差的任务包括视察海外供应商的零部件工厂，检查生产工厂的生产准备情况，列席小批量试生产活动，参加全美经销商大会、记者试乘试驾活动等。

即使在新车发布之后，CE也没有时间放松。新车发布会的相关工作基本上是社长负责的，但CE要负责之后的媒体记者试乘试驾活动、报纸和杂志的记者专访、经销商召开的访谈活动等，周末基本上都会被占用。不过，CE最重要的任务是在出现可能影响生产的问题时，第一时间赶到现场解决问题。

在各种活动结束后，CE还有分析用户反馈、解决投诉问题点、改进及降低成本等工作需要处理。

CE的资质

我的CE17条

作为产品开发的关键人物，CE需要具备哪些资质呢？CE需要以何种心态让使命得以完成呢？

我根据自己的经验总结了17条原则，详细解释上述问题。

每当负责一个新车型的开发项目时，我都会关注三个方面：好奇心、同理心和想象力。换句话说，我要考虑造出什么样的汽车（概念、总布置图、造型、性能），才会给目标用户留下深刻的印象。"要保持旺盛的好奇心""站在用户和全球环境保护的立场思考问题""具象化地发挥想象"，我总会把这三个要点放在心上。

下面的17条原则，就是我基于以上三个要点，根据经验总结出来的。

原则1：汽车的企划开发需要激情，无论是睡着还是醒着，CE都要不断思考如何将独特的产品构想转化为现实。

原则2：CE应培养能够实现高标准目标的统筹能力。

原则3：CE应拥有高于常人的旺盛求知欲。

原则4：CE应培养自己的表达能力，将自己的想法和意图以易于理解的方式表达出来。

原则5：CE应建立广泛的人脉网络，以便在需要时能够获得帮助。

原则6：CE应是服务于本团队的人事和总务部部长。

原则7：CE应"愚直"、扎实、彻底地检查图纸。

原则8：CE应"愚直"、扎实、彻底地深耕成本领域，实现成本目标。

原则9：CE不要让销售人员决定如何销售产品，要思考自己开发的产品的宣传、销售方式。

原则10：CE可以利用专家协助自己，弥补自己专业知识的不足之处，但永远不应怠于学习。

原则11：CE应以身作则践行"现地现物"的原则，并调动身体的感觉器官认真体会。

原则12：CE应提早践行"与用户交互式开发"的方法，如果感到迷茫就应观察用户。

原则13：CE应认为开发进度延迟是最大的耻辱。

原则14：CE应竭尽全力培养年轻一代的CE，甚至需要严厉或巧妙地责骂他们。

原则15：CE是开拓新市场最有力的销售人员，要积极进入新市场。

原则16：CE应永远怀着感恩的心，铭记所有支持过自己的人。

原则17：CE要在平时培养能24小时战斗的体力、毅力。

为了便于读者理解，我先介绍一下后文涉及的项目及其发售时间，如下图所示。

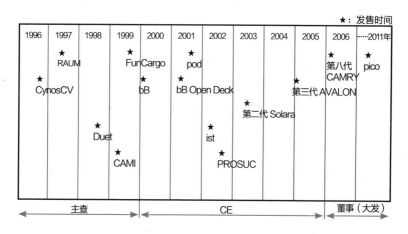

作者负责开发的车型

●RAUM：1997年5月发售

RAUM是一款基于Tercel（特赛尔）/Corsa（科萨）/COROLLA II平台的、后左右双侧滑动门的新概念车。它具有长轴距，对于紧凑型汽车来说，这是革命性的。这为后排乘客提供了比较大的腿部空间，且尾门可以侧向打开。该车的开发主题是"Human Friendly-Compact"（人性化紧凑型），因其方便老年人上下车的特点而获得了日本"优良设计奖"（Good Design Award）的通用设计

（Universal Design）特别奖。

●FunCargo：1999年8月发售

FunCargo是一款基于Vitz平台打造的五门紧凑型休旅车，其概念是"能跑的屋子"。FunCargo的后排座椅可以轻松收纳在地板下面，营造出宽敞的内部空间。FunCargo 的"第三目录"详细介绍了其内部空间的多用途使用方法。FunCargo在新车发布后第一个月的订单就超过了31 000辆，约为预估数量的五倍。它还以 Yaris Verso （雅力士韦尔索）的名称在欧洲销售，并与Vitz和Platz（普拉茨）一起荣获 1999—2000 年日本年度风云车（CAR OF THE YEAR）大奖。

●bB：2000年2月发售

bB是一款基于Vitz平台的五门紧凑型休旅车，是丰田重新夺回年轻消费者市场份额的王牌。该车以定制化的理念赢得了年轻消费者的青睐。bB在新车发布后第一个月的订单量就超过了25 000辆，是预估数量的八倍多。bB最初只在日本销售，2003年以Scion xB（赛恩xB）的名称出口到美国。此外，bB是全球首款无试制车开发成功的量产车型。

●bB OpenDeck（bB敞开货厢）：2001年6月发售

bB的车身后半部经过改装，打造出带有货厢的皮卡风格的bB OpenDeck。这款车的副驾驶侧的车门可对向打开。虽然这款车引起了各界的关注，但销售情况并不理想。早于原定计划，bB OpenDeck在2003年3月就停产了。这是我负责开发的新车中唯一市场表现不佳的。

●ist：2002年5月发售

ist基于Vitz平台打造，是一款采用大尺寸轮胎和跨界SUV设计的五门掀背车。与bB一样，ist最初只在日本销售，后来以Scion xA（赛恩xA）的名称出口海外。继第一代bB之后，ist沿用了无试制车开发模式。从确定造型到下线，ist的开发周期从bB的13.5个月进一步缩短至10个月。

●PROSUC：2002年7月发售

PROSUC是COROLLA Van和CALDINA Van的综合改款车。这款新一代商用车拥有突破性的性能，基于NBC（New Basic Compact，新基础紧凑型）平台设计（后悬架是针对商用车的全新设计）。这款车直到2020年都在没有改款的情况下持续生产，是一款长寿车型。

●pod（波德）：2001年10月在东京车展上发布

pod是丰田与索尼合作开发的全新IT概念车。这款车以"在一起的时间越长，人和汽车就越能够一同成长"的理念，成为车展上人气最高的汽车。它还在欧美的车展上展出过。

●Duet（二重奏）：1998年9月发售

Duet是一款紧凑型五门掀背车，是大发Storia（斯托里亚）的OEM（Original Equipment Manufacturer，俗称代工生产）车型。

●CAMI（卡米）：1999年5月发售

这是一款紧凑型五门SUV，是大发TERIOS（特锐）的OEM车型。

●第八代CAMRY：2006年1月发售

这是一款四门轿车，在全球 100 多个国家和地区销售，是丰田总利润最高的车型。在高峰期，第八代CAMRY的全球每年销量超过80万辆。第八代CAMRY在日本、美国和中国等地的工厂生产，曾计划在俄罗斯生产。车名"CAMRY"是日语"王冠"一词的谐音。CAMRY也创造了从2002年到2018年连续17年位居美国乘用车销量榜第一的纪录。

●第三代AVALON（亚洲龙）：2005 年 1 月发售

第三代AVALON是基于CAMRY平台在北美生产销售的大型FF豪华轿车，是丰田品牌在北美的旗舰车型。第二代AVALON也曾在日本国内以PRONARD（普纳德）的名称销售。该车型是第一款在美国尝试无试制车开发的车型。

●第二代Solara（速乐娜）：2003年8月发售

这是一款基于CAMRY平台的专供北美市场的两门轿跑车，还推出了折叠敞篷版。第二代Solara是美国的TMMK（丰田肯塔基州汽车制造公司）和加拿大的TMMC（丰田加拿大汽车制造公司）生产制造的。

●pico（皮）：2011年11月在东京车展上发布

pico是一款面向人口减少地区和老龄化社会的两座超微型车。pico在东京车展上备受关注，但由于缺乏相应的日本国家标准，pico无法进行量产。2019年，相应的日本国家标准才颁布。

原则1：汽车的企划开发需要激情，无论是睡着还是醒着，CE都要不断思考如何将独特的产品构想转化为现实

技术能力是最重要的，这自不必说。但光有技术能力，CE并不能企划开发出一款新车，而单凭有激情也是不够的。

"开发一款能让尽可能多的人感到幸福的汽车"是我的梦想。我会努力回忆什么能让我的内心充满兴奋的感觉，以及什么能够让我保持这种感觉。我负责的大部分开发项目都是全新车型，因此在概念和造型方面尤其需要进行创新。如果想创造一款配得上新名称的产品，那么我们就必须不断开拓创新，而不是沿用传统的工作经

验、方法。

比如当看到那些因为没有合适的交通工具而陷入困境的人（腿脚不好的老人、因附近缺乏公共交通工具而难以外出的人）时，我会思考："作为开发汽车的人，我能为他们做些什么呢？"

又如当看到一篇报道批评丰田说"其他公司可以做到，但丰田做不到"时，我的好胜心会激励我，我会告诉自己："好吧！我们来做，走着瞧！"

再如"能为丰田成为世界第一的汽车制造商贡献出自己的一点点力量"这样简单的想法，会在我被委以重任负责一个关键项目时，让我感受到身上的压力。

bB

正如第一章所提到的，1997年，奥田硕对丰田夺回年轻消费者市场份额的进展不理想而大发雷霆，因而推动成立了一个独立的风险项目组织VVC。这说明原本应该履行这一职责的技术部门被放弃了。我感到非常遗憾。也正是这份遗憾点燃了我内心的热情。在技术部门，作为重新夺回年轻消费者市场份额项目的一部分，我们决定开发一款基于Vitz平台的派生款车型，并由我所在的团队负责。我对自己承诺："我将尽一切努力，开发一款非常受年轻消费者欢迎的汽车。"

第八代CAMRY

2001年12月，主管技术部门的时任丰田副社长斋藤明彦以非正式的方式通知我，希望我从下一年开始担任第八代CAMRY的CE。老实说，我认为这可是一件天大的事。当时的CAMRY已经拥有了全球每年销量超过60万辆的骄人成绩，是丰田的利润支柱。"失败是绝对不能被允许的"，负责这款明星车型的改款工作，我承受了巨大的压力。在感到压力的同时，被任命为这款车的CE也点燃了我心中的火焰。此外，当我于2002年初在《日经新闻》上看到"本田用了更短的时间完成在世界各地的车型改款工作"的报道时，不能输给本田的竞争意识油然而生。

毫不夸张地说，正是从此时开始，我萌发了要将第八代CAMRY在美国、澳大利亚和中国等地全球同步上线的构想。我暗暗发誓不仅要保住CAMRY美国最畅销汽车的地位，更要开发一款让全世界用户都印象深刻的中级轿车。这促使我们在伊拉克战争爆发后，丰田限制在日本工作的人员前往美国出差的大环境下，坚持开展对美国当地用户的访问、调研等工作。

关于第八代CAMRY的开发工作，除此处的内容外，读者可通过阅读"原则2：CE应培养能够实现高标准目标的统筹能力"中的"第八代CAMRY——全球同步上线"；"原则4：CE应培养自己的表达能力，将自己的想法和意图以易于理解的方式表达出来"中的"第八代CAMRY——开发关键词是Rejuvenation（恢复活力）"；"原则6：CE应是服务于本团队的人事和总务部部长"中的"第八代CAMRY——产品企划团队招募成员""第八代CAMRY——聘请英文翻译秘书""第八代CAMRY——'全球同步上线'增加了交流成本";"原则7：CE应'愚直'、扎实、彻底地检查图纸"中的"第八代CAMRY——'终极图纸'和'一零件一图纸'";"原则11：CE应以身作则践行'现地现物'的原则，并调动身体的感觉器官认真体会"中的"第八代CAMRY——无视赴美出差限制令，坚持对用户进行走访";"原则12：CE应提早践行'与用户交互式开发'的方法，如果感到迷茫就应观察用户"中的"第八代CAMRY——广播信号接收性能评价"等内容，从不同的方面了解整个项目的开发过程。

pod（概念车）

pod是前所未见的全新概念车，而且是丰田与索尼合作开发的。我很高兴能与索尼的开发团队合作，该团队以擅长开发独特的产品而闻名。

我相信新的灵感是通过与不同行业的人互动而诞生的，因此我们要努力打造这种可以孕育新灵感的环境。我想，自己这次一定要创造一个没有其他类似案例的原创概念。通过共同努力，我们得到了回报，诞生了革命性的概念"在一起的时间越长，人和汽车就越能够一同成长"。

关于pod项目开发的详细内容，请阅读"原则3：CE应拥有高于常人的旺盛求知欲"中的"pod——与索尼合作开发的IT概念车"。

pico（概念车）

进入21世纪后，日本出行不便的人数持续增加。我们想要创造一种新的出行工具，让出行不便的人能说："我想要一辆这样的车。它对我帮助太大了！""为了世界、为了民众"的理念成为pico企划和开发的原动力。

pico是2011年11月在东京车展上展出的一款两座超微型车辆。

大发的业务重心一直是K-Car（轻自动车）。我考虑大发是否有可能涉足更小型的汽车。我主动请战并亲自担任CE。当时，我任产品企划本部部长一职，已离开开发一线工作多时了。因此，我很高兴能参与打造一款全新概念车的工作。我们希望这款车能够在东京车展上成为热门话题。

日本是世界上老龄化程度最高的国家。因此，在日本，由于老年人驾驶操作失误引发的事故数量持续上升。此外，随着日本农村地区人口不断减少，农村地区的公共交通服务水平日益下降，许多人在购物或去医院时会遇到出行难的问题；农村地区的加油站数量也迅速减少。"全盘解决这些问题的个人交通工具"这一概念被迅速确定了下来。

pico的命名也是很讲究的。在试图寻找一个足以强调"微小"的词语时，我翻阅了一本关于物理单位方面的书籍，看到了用于构成十进倍数和分数单位的词头pico（皮）。皮所表示的因数为10^{-12}，比毫、微和纳更小。我真的很喜欢pico这个名称，认为它适合成为超微型车的名称，因此立即采用了这个名称。

pico具有以下特点：

·紧凑的车身可容纳两人，是前后两人而不是左右两人；

·可使用家庭电源充电，无须担心难以加油的问题，充电4小时可行驶50千米；

·易于转弯，最高速度为50千米／小时，拥有两种模式：驾驶模式和步行模式（速度为5千米／小时，可在人行道上行驶）；

·不是通过车身结构来确保碰撞安全，而是通过车身显示屏（显示"请小心靠近"和"谢谢让行"等信息）和报警音来使车辆更加显眼，从而确保安全；

·在"鬼探头"[①]时启动自动制动装置，在踩错踏板时防止车辆启动（前进和后退）；

·按下驾驶座上的紧急按钮后，车辆将紧急停止，车身显示屏将同时亮起，呈红色；

·价格比K-Car更便宜。

---

① "鬼探头"是一种交通事故现象，通常指在驾驶过程中，由于前方车辆或障碍物遮挡视线（驾驶员存在视野盲区），行人、非机动车或其他车辆突然从视野盲区中冲出，导致驾驶员来不及反应而引发事故。——编者注

pico（东京车展，2011 年 11 月）

在东京车展的现场，我们在展台上演示了pico自动制动装置启动和车身显示屏亮起的效果，再加上pico的外观十分亮眼，因此吸引了很多记者和消费者的注意。我坚信，只要能够降低成本，这款概念车将会受到消费者的欢迎。我想，因人口减少而饱受出行困扰的人们一定会很高兴。

在东京车展结束后，它立即作为电视节目《报道站》[①]的特别主题受到了关注。负责 EV（Electric Vehicle，纯电动汽车）和HV相关报道的著名评论员一色清对pico进行了特别报道，全长15分钟，是时间最长的特辑。特别报道中展示了pico的开发过程、车辆的特点以及一色清的试驾情况。在特别报道的最后，一色清评论道："我很期待它能在未来两年内完善、发布，并在两三年内赢得CAR OF THE

---

① 《报道站》是日本朝日电视台及其联播网于星期一到星期五晚间10时（日本时间）播出的综合性新闻节目。——编者注

YEAR! ”对此，我真的很高兴，也很希望这个愿景能成为现实。

然而，现实中却有一道难以逾越的屏障。由于日本的审批目录中不存在该车的规格，因此这类汽车无法在公共道路上行驶。pico的规格介于K-Car和轻骑摩托之间，而当时在日本的法规中，这两者之间没有其他车辆规格。如果是单人车辆，就会被归类为轻骑摩托。丰田公司已有将单座EV"COMS"（康姆斯）商业化的先例了，但考虑到实际的使用场景，我还是坚持pico两座车的定位。

我们在日本福冈县前知事麻生渡领导的全国知事协会的支持下，发起了建立新车型规格的运动，也完成了验证实验。我本人也作为日本汽车工业协会的会员参与了讨论。东京大学镰田实教授对pico给予了高度评价。但日本政府始终对新车型规格的建立工作持消极态度，以至于此事进展缓慢。日本政府最关心的还是普通汽车和此类汽车在道路上混行时，能否确保安全。

过了一段时间，出现了关于将现行的K-Car规格提高一档，定义为一般汽车规格，并将诸如超微型车之类的两座车定义为K-Car的讨论。对于依赖K-Car优惠政策生存的大发和铃木汽车来说，这是生死攸关且难以接受的。最后，这个超微型车的项目被雪藏了，开发工作在幕后继续低调进行。我想在此对一色清表示歉意，因为他对于pico的商业化寄予厚望，但我未能兑现承诺。

到了2020年，两座的超微型车辆似乎有新动向了，但丰田集团在开发电动汽车的竞争中最终还是落后了。我们率先成功发布了概念车，却没有继续推动开发工作。每每想起这件事情，我都感到痛心疾首。

坐轮椅也能驾驶的梦想之车

1997年1月30日，电视新闻节目*NEWS Station*①（《新闻站》）的主播久米宏说："日本被称作汽车工业王国，但无法制造像这样的汽车（坐轮椅的人可以直接进去驾驶），这是可耻的。美国领先了日本20年。"这句话深深地刺痛了我的心。这也是批评日本政府的体制和汽车制造商的态度。

该节目记录了一位坐轮椅的人需要一辆这样的特殊汽车，他自己从美国进口了一辆。为了通过海关，他准备了大量文件才获得批准。我曾负责RAUM的开发工作，我立刻意识到我们仍然没有完全满足无障碍车受众的需求。丰田开发了一款名为Welcab（福祉车）的无障碍车，这是一款标准车型，加配了旋转座椅和轮椅升降机。丰田一直致力于扩大该车型的影响范围。Welcab的主查是斋藤隆（他的继任者中川茂主查，开发了前文介绍的FunCargo的地板下收纳座椅）。

然而，我们并没有发展出那档节目上介绍的车型的计划或概念。当时，我刚刚完成了bB衍生车型的开发工作。这款车被称为bB OpenDeck，副驾驶侧没有中柱，前后车门为双门对开，开口较大。利用此优势，人可以坐在轮椅上完成上下车的动作。考虑到这一

---

① *NEWS Station*是日本朝日电视台1985—2004年播放的一档新闻节目。——编者注

点，我立即向我们的开发承包商丰田自动织机公司的对接人员小川久说明了电视节目上的内容，并请求他给予协助。

丰田自动织机公司很快就为我们制造了一辆试制车，该车如下图所示。我向丰田的高层管理者提出了将其作为应对未来老龄化社会项目的想法，但结果令人失望，因为我们无法指望这款车型能有很大的销量。我原本想让*NEWS Station*的主播久米宏看看我们的试制车，但这个愿望也没能实现。

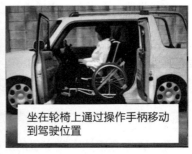

坐在轮椅上通过操作手柄移动到驾驶位置

坐轮椅（专用轮椅）也能驾驶的汽车

图片来自车辆介绍视频

原则2：CE应培养能够实现高标准目标的统筹能力

如果你无法实现项目目标，那不是因为你能力差，而是因为你没有安排好。

从项目开始，一直想象到汽车下线的整个过程，CE要先思考自己推进项目的方法，并与造型、设计、实验、生产技术、工厂、新车进度管理、销售及采购等部门的代表真诚地讨论如何相互协作才能顺利推进整个项目，然后将注意要点、重要节点、角色分工等以"明确的文字""可视的图形"表达出来。换句话说，就是通过大房间方式开展活动（以下简称"大房间活动"）推进工作。此外，CE一定不能忘记提前针对不可预见的情况（最坏的情况）做好预案。

全球首个无试制车开发项目（bB）、10个月超短周期开发项目（ist）、突破性的成本降低项目（PROSUC）、全球6家工厂同时上线项目（第八代CAMRY），这些项目都涉及众多的内外部关系，项目的成功离不开每个人的努力和协助。但这些并不是成功的全部因素。这些项目之所以成功，是因为在项目开始之前，项目团队就面面俱到地计划了如何推进工作。包括我在内的关键人员要先开会定调子，然后逐渐增加参与讨论的成员，大家一起深入思考如何开展工作。在此期间，团队成员要努力与相关人员分享信息，并换位思考。讨论的结果被总结为一份战术计划书，这不能是隐性的或心照不宣的内容，而一定要形成"看得见，摸得着"的文件资料。

项目推进节点会议

在丰田，项目团队会召开各种项目推进节点会议来管理、跟进项目的进度。就算项目开发进展顺利，对于产品企划团队来说，制作在会议上用于汇报的资料也是一项艰巨的任务。尤其是像bB和ist这样的无试制车开发项目，由于没有试制车，因此这些项目推进节点会议时间、后期跟进工作安排等都要重新考虑。

在有试制车的情况下，项目推进节点会议是围绕试制车推进的，项目团队要汇报跟进实验中发现了多少静态、动态问题，以及在采取相应对策方面取得了哪些进展。然而，无试制车开发是没有实车的，因此我们不得不改变传统的跟进方法和时机。项目推进节点会议的基本构想（会议主持人、出席人员、报告内容、决策事项）由我们产品企划团队提出，并提交至新车进度管理部，共有以下五次项目推进节点会议：

（1）事前准备情况确认会；

（2）第一次会议：总启动会；

（3）第二次会议：生产准备启动确认会；

（4）第三次会议：转小批量试生产确认会；

（5）第四次会议：转量产确认会。

我听说，这种会议形式后来逐渐演变，现在以"综合推进会议"的形式固定了下来。

ist——挑战10个月内完成开发工作

ist的开发启动信号不同寻常。当造型部门将在先行开发中讨论的概念及用CG（Computer Graphics，计算机图形学）绘制的相应外观的草图向高层领导做了路演后，高层领导突然下达了开始量产的指令。在通常情况下，决定是否量产前还有竞争性提案、反复筛选草图、多次探讨油泥模型等环节。然而，高层领导在制作ist的油泥模型之前就决定实施量产。由于ist是Vitz的衍生车型，因此我的团队被指派负责ist的开发工作。

经过对紧凑车型的市场分析，我们发现Vitz系列一直无法吸引追求"高质感"的女性用户。我们还收到消息称，本田将推出一款强大的与Vitz进行竞争的车型，目标受众就是热爱工作和娱乐的职业女性。我们这个项目的开发目标是"创造一种崭新的优越质感"。在此之前，对于紧凑车型来说，实用性和经济性是被优先考虑的因素，其他因素都必须居于这两个因素之后。但我们此次的开发理念是创造一种"不拘泥于紧凑车型传统认知的存在感、品质和高级感"。

我们的开发工作始于它的绰号"Active Mini Wagon"（活跃的迷你旅行轿车）。它不是一个基于Vitz平台、单纯加入时尚和质感元素的简单项目。除了车辆外形提升之外，它还应具有轻快的驾乘感受和强大的操控稳定性等特点。它还肩负着丰田的首次兼容性尝试。它搭载了不同重量的汽车都可以使用的、基于碰撞安全理念的安全车身。此外，该车型还特别注重车内的静谧性和关门声音等能够体现高级感的细节。

关于开发进度表，我们考虑参照bB的开发日程经验，这已经是当时最短项目开发时间的纪录了。但按照这个进度推算，ist的发布日期会在2002年夏天前后。销售部门提出要求，希望能够赶在5月份的销售旺季前推出产品。我考虑到该车型一开始就拥有完成度较高的造型，而且几乎不会有大的造型变更风险，因此决定接受超快速开发项目的挑战，并将其尽快推向市场。

2020年在丰田汽车北美公司工作一线活跃的安井慎一是我当时的得力助手。bB在造型图纸发布后的13.5个月就下线了，而ist开发项目的目标是进一步缩短开发时间，在10个月内下线。以安井慎一为首，大家都拼命与相关部门协调，考虑缩短开发时间的策略。这也倒逼产品企划团队想出了很多富有创意的方案，包括提升图纸完成度的措施、图纸发布日程的管理方法、生产技术和供应商一体化推进生产准备工作以及危机管理活动等，这使得bB开发项目的工作推进方法得到改善。

据估计，图纸制作时间可节省0.5个月，模具制作时间可节省0.5个月，制造阶段可节省2个月。当然，这一切的基础都源于"大房间活动"。我敦促参与该项目的每个人"接受挑战，实现世界上最短项目开发时间的项目开发进度"，每个人都非常努力。2002年5月，我们如期

《自动车新闻日刊》于2002年7月4日报道了丰田用时10个月完成汽车开发项目的新闻

实现目标，这也创造了最短项目开发时间的世界纪录。

第八代CAMRY——全球同步上线

2001年底，我被任命为第八代CAMRY的CE。在2002年初，我正在为新一代CAMRY提炼新构想时，在《日经新闻》上看到了一篇文章，报道称"本田思域将在全球12个国家和地区开始量产，各工厂上线时间仅相差9个月，不到丰田COROLLA的一半"。

本田思域和丰田COROLLA均在全球十几家生产工厂进行生产。在通常情况下，这些车型先在日本进行改款，然后全球其他地方的工厂陆续跟进。本田在全球各地的工厂完成改款部署需要的时间比丰田短得多。

第八代CAMRY与作者（2005年11月拍摄于美国洛杉矶郊外）

某车型在日本改款的消息会迅速传遍全球，这会导致用户不愿购买现有车型，而等待新车型上市再购买。事实上，CAMRY也会面对同样的问题。在过去，CAMRY的改款车先实现日美同步上线，在接下来的一年多时间里，其他海外工厂逐步实现量产。由于是新车型，因此各地的工厂在当地采购的零件在形状和特性等方面都会有微妙的变化，以匹配每个地区的区域特点。这令项目开发团队非常烦恼。这种当地规格的零件以底盘零件居多，因此会有澳大利亚规格、中东规格、泰国规格等。因此，开发团队必须在当地从头开始对新车型进行耐久性等项目的测试，导致开发时间增加。

在看到这个新闻的时候，我的脑海里立即闪现出"全球同步上线"的想法。如果我们能够实现这一点，不仅可以显著提高开发和生产效率，而且能够第一时间向全球用户交付新一代CAMRY。我们决定将"全球同步上线"作为我们此次开发工作挑战的主题。

我一连多日和我的得力助手、项目主查布施健一郎一起确定了具体开发方法及策略。我们确定的基本方针是通过"大房间活动"打造"终极图纸"（详见"原则7：CE应'愚直'、扎实、彻底地检查图纸"中的相关内容），让世界各地的相关方参与进来，通过"全球成本降低活动""全球试生产"使全球各地的工厂都朝着顺利上线的目标迈进。

"大房间活动"是以居于开发核心地位的位于日本爱知县丰田市丰田总公司的"全球大房间"为中心，以设在美国、澳大利亚和中国等地的"本地大房间"为呼应，以在项目中的相互协作为动力，一同推进项目进程的体制。

其实，对于开发团队来说最重要的还是分享开发新一代CAMRY的想法并确保信息及时共享。为此，我们致力于面对面沟通，来自世界各地的代表被召集到日本召开"节点会议"。节点会议至少每三个月召开一次，以分享问题并跟进开发进度。

另外，为了让身处世界各地的员工了解日本的"全球大房间"概念以及CE的真实想法，我和布施健一郎曾多次前往各海外工厂，向大家直接传达信息。作为日常共享信息的新措施，我们采用了"会议纪要速递活动"（详见"原则6：CE应是服务于本团队的人事和总务部部长"的"第八代CAMRY——聘请英文翻译秘书"的内容）。在"全球大房间"做出的决策得以迅速传达给全球各地的"本地大房间"，这使得位于全球各地的第八代CAMRY开发项目的成员紧密合作，能够拧成一股绳。

生产技术部门采取的另一项重大举措是"全球试生产"。在进入量产之前，丰田会进行模拟生产线状态下的被称为"号试"的小批量试生产。此前，产品在位于日本的工厂完成"号试"后才在位于其他国家和地区的工厂开始"号试"。这样做不仅耗时，而且每次都需要反复调整以针对各个区域的情况进行相应优化。

因此，第八代CAMRY的产品企划团队在日本元町工厂设立了全球生产推进中心（GPC）。在GPC，从最初的设计阶段开始，我们就将每个工厂提出的各种各样的要求统一为"One Voice"（一种声音），并以"一零件一图纸"这种听起来都让人头疼的笨办法，逐件落实了这项艰巨的任务。

另外，这次我们在GPC召集了来自世界各地工厂组装工序的负责人，进行了一次新的尝试：首先由来自日本堤工厂的员工尝试组装工作，然后与其他工厂组装工序的负责人讨论组装工作安排并汇编成标准工序。我们把标准工序拍摄成视频，再让其他工厂组装工序的负责人将视频带回自己所在的工厂，分享给当地的员工。

AVALON——在美国实施无试制车开发

第三代AVALON计划于2005年1月发售，开发工作主要由位于美国的TTC（丰田技术中心）负责，而其兄弟车型第八代CAMRY的改款工作（2006年1月发售）主要由位于日本的技术部门完成。我于2002年1月被任命为第八代CAMRY的CE，实际上也要同时负责AVALON的改款项目。当时，AVALON改款项目的企划工作在逐步敲定，但我很难找到实现严苛的开发成本目标的方法，感到非常头疼。

这时我突然想到，虽然这次的改款会加长轴距，但平台基本是一样的。既然如此，那为什么不在美国首次尝试无试制车开发呢？TTC方面也对新的开发方式表现出了极大的兴趣。还有一种论调认为，如果在日本可以做成的事情在TTC却无法完成，这会令TTC的员工很沮丧。

TTC的领导者之一兰迪·史蒂文斯（Randy Stevens）曾多次前往日本调研无试制车开发方式。他说服了相关部门，决定在美国首次挑战无试制车开发。兰迪·史蒂文斯将创下世界最短项目开发时间纪录的ist性能验证车（首辆使用量产模具和设备组装的车辆）从日本带回到美国，供相关人员参观。众所周知，根据以往的常识，首辆车的组装工作都会存在一定难度，但每个人都惊讶地发现，其做工与量产车不相上下。由此，美国人开始认真对待无试制车开发这一挑战。

为了在"单独办公室文化"根深蒂固的美国开展"大房间活动"，我撰写了《大房间的心得》，并在兰迪·史蒂文斯的帮助下将其翻译成英文版*Spirit of Obeya*，希望能够得到美国相关人员的理解和支持。

然而，由于与该项目开发相关的大多数部门分散在美国各地，我们不得不改变日本"大房间活动"的方式。

负责造型的CALTY（丰田北美设计中心）位于美国加利福尼亚州纽波特比奇；负责设计和实验的TTC位于美国密歇根州安娜堡；负责生产技术和采购的TMMNA（丰田北美汽车制造公司）位于美国俄亥俄州辛辛那提；负责制造和品质管理的TMMK位于美国肯塔基州乔治敦；负责平台（底盘和动力总成）的总部设在位于日本丰田市的技术部门（TMC）。最后，我们决定在TMC设置一个与下车体相关的"TMC大房间"，在TTC设置一个与上车体相关的"北美大房间"，在CALTY设置一个"造型小房间"（在中期审查期间使用），在制造工厂设置一个"工厂大房间"（在量产试制期间使用），以推进最后的收尾工作。

在造型的油泥模型开发阶段，项目团队每周都会召集与设计和生产技术相关的人员在CALTY开会解决问题。当CALTY的工作结束后，我当天就从洛杉矶乘坐"红眼航班"（夜间航班）返回底特律，然后早上直接去TTC上班，这比我此前想象的情况要痛苦得多。

在"北美大房间"，兰迪·史蒂文斯被任命为美国的项目开发负责人
（Executive Engineer），肯·克里弗尔（Ken Creefle）被任命为美国
的生产技术和制造负责人（Chief Production Engineer）。

我们利用当时还不太先进的视频会议系统，反复讨论如何推进
初次挑战的"大房间活动"；将日本的bB和ist的成功经验运用到这
个项目中；明确制订了基于各自立场的实际行动计划。在这次"大
房间活动"中，我们"愚直"地摸索着信息共享化、性能预测场景
创建、SE图纸、危机管理场景创建和"三步DR"等关键新技术，目
标就是完成度达到100%的图纸。结果，实际制造出来的性能验证车
性能优异，并于2005年1月如期上线。这个项目开发工作的核心人物
兰迪·史蒂文斯后来担任了第四代和第五代AVALON的CE。当然，
AVALON开发成功的背后也得到了后来的CE寺师茂树（我在项目
进行过程中把AVALON项目交给了寺师茂树，以便专心负责第八代
CAMRY的开发项目）和主查畑田裕司的大力支持。

第三代 AVALON（2009年12月拍摄于美国康涅狄格州）

原则3：CE应拥有高于常人的旺盛求知欲

CE不一定只关注与汽车相关的知识，要对各个领域的知识都有好奇心。当一个人对新知识不再感兴趣的时候，他就不再适合担任CE了。

在进行新车的产品企划时，各种不着边际的新想法（新事物、新技术、新方法等）会在CE脑子里来回打转。然而，在大多数情况下，这些新想法会成为日后成熟方案的基础。反复探究"为什么"和"怎么样"是很重要的。我希望自己能够一直拥有像孩子那样的好奇心。

pod——与索尼合作开发的IT概念车

新的想法都源于好奇心。你越激发自己的好奇心，你就会得到越多的新想法。在与索尼的合作过程中，我们彼此激发对方的好奇心，并享受了很多创新带来的乐趣。我想再次介绍一下这款经历上述创新过程诞生的概念车。

当bB开发工作完成后，斋藤明彦找到了我。他对我说："我希望你们与索尼合作，推出一款'独一无二'的IT概念车。"

我后来了解到，电子设计技术部已经开始了技术探讨。然而，即使成员们提出了个人的基本技术想法，但将各个独立的技术内容在一辆车上整合起来还是有难度的。丰田的高层领导者想要选一个能够开发bB那样非典型的丰田风格汽车的CE来统筹此事。因此，我被选中了。

索尼方面的负责人是汽车音响部门的品田哲。然而，"独一无二"的确是一个非常难的要求。当时，提到"IT概念车"，人们往往会想到两种车：一种是自动驾驶汽车，只要你告诉它要去哪里，它就会带你到达目的地；另一种是移动办公汽车，车内载有各种信息设备，让你可以在车里办公。然而，这两个方向都已经被反复讨论过了。因此，就算我努力提升其高度，也无异于炒冷饭。于是，我决定瞄准一个完全不同的方向。

我们开始了两天一晚的封闭集训，进行第一次讨论。索尼和丰田之间的讨论根本不成立。这也难怪，不仅因为企业文化差异很大，而且两家公司试制品的流程和规模也不同。无意冒犯，但我当时真的觉得自己拿着电烙铁，努力工作一个月就能做出索尼产品的试制品。但汽车可不一样，需要让一辆试制车跑起来，而不是仅仅做一个"纸糊的玩具"。我们必须进行企划、造型、设计，然后让供应商制造相应零件并将其组装起来。制造试制车需要的人数、时间与索尼试制品的标准完全不是一个级别的。

此外，丰田和索尼开发产品的基本理念也大有不同。丰田追求的是造福世界、造福人类的产品。索尼的产品开发理念却截然相反：即使对世界没有用，能当润滑剂就好了，如果有趣那就行了。换言之，他们的想法是创造一些对世界"没有用"的东西。这真是令人大开眼界。

为了讨论最关键的IT汽车概念，我们分成四五个小组，开始进行头脑风暴。由于第一阶段规定输出物可不限于汽车，因此出现了像主题公园和类似于自行车的交通工具等各种天马行空的提案。索尼方面还提出了"赛博汽车"这种前卫概念。这是一辆单座汽车，驾驶员可在驾驶时接收到需要的所有信息。

在讨论中，索尼方面负责人品田哲的提案是"管家汽车"，该车可以捕捉到驾驶员的情感变化，"除非有人进行操作，否则传统的汽车不会动。但优秀的管家会察言观色，知道主人需要什么，而且能做到不露声色"。这真是很有趣的想法。

我的提案是"就像人类从儿童成长为成年人一样，汽车本身是可以通过信息、知识积累而成长的"。此外，驾驶员还可以通过与汽车进行互动，相互学习，一起成长。许多交通事故的最终根源都是驾驶员误操作。我考虑，对于驾驶员的鲁莽驾驶行为，汽车不是通过警告而是通过激励驾驶员学习、提高技术和调整心理状态，从而减少交通事故发生。

具体来说，在驾驶位前面有一个屏幕，如果驾驶员驾驶平稳或使用刹车及时，那么屏幕上就会弹出鼓掌的表情包。反之，如果驾驶员进行了不合适的操作，那么屏幕上会弹出冒冷汗的表情包，反映了驾驶员的焦虑程度。此时，汽车就会自动播放舒缓的音乐、出风口会吹出冷风，帮助驾驶员舒缓情绪。这个很妙的点子来自索尼。如果是丰田的话，以上的场景可能会简单无趣地换成警告灯亮起或蜂鸣器作响。

品田哲从时任索尼会长出井伸之那里得到了高度评价："可以根据驾驶员的情绪进行人车互动，这很有趣。"这极大地增强了品田哲的信心。随着讨论逐步深入，概念车的形象也逐渐丰满起来。汽车的成长是指：学习驾驶员的驾驶习惯和偏好、改变悬架的硬度和换挡时机、导航系统按驾驶员的偏好设置路线等。汽车也进行了拟人化设计，引擎盖和车头灯的颜色变化被用来代表汽车的喜怒哀乐。

例如当车主靠近汽车时，汽车会露出"快乐的表情"（橙色、亮灯并眨眼）；当汽车油量不足感到"饥饿"时，汽车会露出"悲伤的表情"（蓝色、流泪）；当车主强行切入车道时，汽车会露出"愤怒的表情"（红色、瞪眼）。这种情感表达方式的灵感来自我到美国出差的经历。我当时顺路拜访了在麻省理工学院公费留学的电子设计部的井形弘，他带我去参观了麻省理工学院博物馆，我见到了人形机器人的情感表达方式，这给了我很大启发。

过了一段时间，斋藤明彦问我："如果已经有了一个不错的概念，你们是否可以把概念车带到东京车展呢？"我突然感到热血沸腾，马上和品田哲决定将目光投向2001年东京车展，同时加速各项讨论的进度。即使是概念车，想让它实际跑起来，也需要提前一年决定其驱动系统和具体规格。

索尼的每个人似乎都认为，只要通宵努力工作一个月左右就能让概念车跑起来，但事实上并没有那么容易。2000年7月，为了确定概念车的规格和卖点，我们在位于东京台场的日航酒店举办了封闭集训，事前宣布要一直封闭到做出决定为止。在接下来的三天两夜中，大家连吃饭的时间都尽量缩减，每天都会讨论到深夜。

之后，造型工作就开始了，待其最终确定，我们就启动了详细的设计工作。我记得是2000年12月31日，斋藤明彦给我打电话，问："你们忙得怎么样了？我感觉你飞得还不够高。"从斋藤明彦的角度来看，委任给我的工作应该是"创造一个前所未见的概念"，但现在概念车的高度还不太够，他有些担心。斋藤明彦在"驾驶员的成长"方面给了我"多关注培养驾驶能力提升方向"的建议，我决定虚心接纳，在概念车中加强了这方面的内容。

然后，我们与委托制造方的Toyota Technocraft（丰田的专业赛车改装部门）一起努力，夜以继日地工作，最终完成了一辆可以在那年秋天跑起来的汽车。它没有传统意义上的方向盘，取而代之的是新型驾驶操作控制终端。当我操作这个控制终端让汽车动起来的时候，我感到无比喜悦。"把汽车视为伙伴而不是工具，随着关系不断加深，汽车与人一同成长"，一款全新的概念车诞生了。

因为东京车展的展台上只允许汽车进行静态展示，所以我们在如何突出表现"驾驶员和汽车的共同成长"这一核心概念时遇到了难题。最后，我们决定通过播放几分钟的视频，在展台上以最大角度开闭对开式的前后门、将四个可移动的座位排列成各种形式等方式来吸引观众。大家的想法也被融入视频中。

好戏终于开场了，pod受关注的程度远远超过了预期。在媒体日，路演现场人山人海，等待采访的人也排起了长队。我甚至都没有时间去洗手间，更不用说吃午饭了。pod在电视新闻和杂志上被广泛报道。在公众日，参观者摩肩接踵，甚至很难在pod展台四周自由走动。在某汽车杂志举办的"谁是MVP[①]？"活动中，pod以"在汽车历史长河中前所未见的可以表达情感的汽车"为亮点，击败了一众有光环加持的环保车和跑车，荣膺MVP。

pod

照片摘自新闻稿

就这样，我们实现了"创造一个前所未见的概念"，以及中途追加的"成为车展上最受欢迎的车"的目标。由于在东京车展上受到好评，pod随后在欧洲日内瓦车展和美国芝加哥车展上进行了展出。

观察世界各地的人和城市

我认为自己是一个"好奇心旺盛"的人。我对新的、不断变化的事物都很感兴趣。汽车事业的原点是汽车、道路、交通标志、用户（人）、驾驶目的地（地点）和汽车销售店。我对这些事物有很强烈的兴趣。我认为，通过观察"人和城市"来感受时代和生命周

---

① MVP是Most Valuable Player（最有价值球员）的首字母组合，此处被引申为在特定领域表现最为突出的个体。——编者注

期的变化是最有趣的事。每当被问及是否要去参加市场调研或参观车展时，我总是第一个报名的人。因为爱好，我本已排得满满的工作日程"雪上加霜"。

我并不是在刻意寻找新产品或新造型的线索，只是随意观察城市中的人和汽车，以及其他相关的事物。我偶尔会灵光一现："假如能有一辆有这种造型、这些功能的汽车，那该多有趣！"灵感涌现的时候，我的心情会非常好。

我去过全球许多国家和地区（至今已超过50个），用心观察超市停车场、百货店停车场、幼儿园接送点、医院接送点、大学停车场这些"必去之地"。我认为很多好的想法都是在这些"必去之地"诞生的。

可以供我们观察的场景不胜枚举：开发RAUM的灵感诞生于养老院；开发FunCargo的灵感诞生于比利时布鲁塞尔宜家的停车场；开发bB的灵感诞生于横滨大黑码头；开发PROSUC的灵感诞生于高速公路服务区；创立Scion（赛恩）品牌的灵感诞生于美国大学停车场；开发第八代CAMRY的灵感是在访问美国用户家庭时产生的。

我从未被长期派驻美国。因此，当我被任命为第八代CAMRY的CE时，我就暗下决心为了更好地企划和开发美国最畅销的车型CAMRY，要想尽一切办法尽可能多地了解美国市场与汽车相关的情况。每当有机会出差去美国时，我都会租一辆车，开着车游历幅员辽阔的美国。我甚至把家庭旅行计划设定为在美国长途自驾游。我花了25年时间去过美国的49个州，只有夏威夷州没有去过。

原则4：CE应培养自己的表达能力，将自己的想法和意图以易于理解的方式表达出来

汽车的企划和开发需要许多人齐心协力才能完成。CE需要以易于理解的方式表达自己的想法和做法，要做好无法通过一次交流就实现充分沟通的心理准备。英语很重要，但CE要先打磨自己的母语水平。CE要注重路演技巧，如巧妙运用视频、实物、原理模型等。

一举获得批准

当我向董事（上司）提出产品企划或需要获得批准以推进某项工作时，我会切实感到"表达自己想法"的能力是必要且重要的。事情的关键在于如何能让上司喜欢并肯定自己的想法。第一次汇报方案就获得批准，可以说是最能展现CE水平的地方。

丰田以前的传统是将提案总结在一页A3纸上。但是在我成为主查的时候，丰田已经慢慢开始使用PPT（幻灯片）汇报提案了，后来演变成了使用PPT制作产品企划提案。尽管提案最终会以PPT的形式呈现，但我们要先在一页A3纸上手写初稿，然后将其分成多个页面（尽可能控制页数），最后转化成PPT的内容。我们一定要努力构思一个内容易于理解、能够打动上司的故事。我在20多岁时练就的整理一页A3纸资料的基本功，在我后面的职业生涯中起到了很大作用。

以下是我制作一页A3纸资料的三点心得。

第一，在制作汇报资料时，我们先要考虑汇报的内容会对听众产生什么样的影响，以及听众在听完汇报后会如何反应。董事级别的高层管理者每天都会以15分钟为单位安排日程。即使你做了充足的准备并做出了详细说明，当路演结束时，他们也只会对你说声"谢谢"，然后下一位员工进来开始汇报其他事项。这种情况每天都在发生。因此，如何让自己的汇报内容在高层管理者的脑海中留下深刻印象就是我们要考虑的关键。

第二，在面对一页空白的A3纸时，我们要将自己的想法都凝结在一页A3纸上，拿起铅笔和橡皮撰写文案、绘制或擦除图表。"思考"的含义是用文字表达脑海深处的想法，因此我总是用手写。即使一页A3纸不够，也不要增加页数，不要无序展开我们获得的全部信息（单词、小短语、图表等），而是要剥离多余的内容并让我们的思维更加敏锐。此外，对"一页A3纸"的执着也源于对听众吸收能力上限的考虑。同时阅览一页纸上的多条信息，然后交叉思考，我们可能会获得新的好点子。就算我们浏览很多页PPT，也不会有这种效果。

第三，即使进展缓慢、反反复复不得其法，我们也要坚持用自己的头脑去思考，就算再痛苦也要忍耐。

我认为这些是能使思考更加深入、能讲出触动人心故事的秘诀。

CE发出的信息通常会面向广大的项目相关人员。为此，CE要常常自问自答："结论明确吗？""故事的梗概清晰吗？""论据有力吗？""目标清楚吗？"CE要努力做到准确、快速地传达信息，尽力避免信息被误解。

从21世纪初开始，在PPT美化和外观调整上耗费大量时间的习惯变得普遍，大家也开始议论是否在准备资料上耗费了太多时间。高层管理者有时也会说："你可以使用手头的资料，不要浪费时间在制作资料上。"但我还是会担心因为资料晦涩难懂而错失获得批准的机会。因此，我会严格要求下属在准备资料时务必谨慎。尽管被要求尽量使用手头的资料，而不要耗费太多精力制作新资料已成为"政治正确"的要求，但我对那些只展示多页Excel（电子表格）的汇报是不会给予好评的。我对来向我汇报资料的人员都提出了严格的要求：至少要给需要展示的数据集起一个标题，并给出自己需要说明的内容的摘要。

如何成为制作、讲解资料的专家

我要求产品企划团队的所有成员牢记以下七点。

第一，了解自己的听众。我们要提前掌握听众的概况。我们要知道自己是在会议上汇报还是单独向高层管理者汇报，要知道听众是哪些人群（技术人员、销售人员、供应商、经销商、学生、公众），要全面掌握听众的人数、性别、年龄等基本情况。

第二，资料的风格。我们要提前决定使用何种形式进行汇报，是PPT，还是一页A3纸，或是不使用任何书面资料进行口头汇报。我们要用铅笔在A3或A4纸上打草稿，要注意故事整体的流畅性、"引言、正文、结论"和起承转合。我们应当用铅笔和橡皮慢慢推敲，完成草稿。

第三，制作资料。字体大小、页面的留白率、颜色数量（最多使用4种颜色）、配色技巧、图表（区分使用条形图、折线图和饼图）、视频和照片（精心选择会令听众感到茅塞顿开的内容）、需要强调的内容一定要加粗或下加直线、重点数字用特殊字体突出等要点，在制作资料时都要考虑到。在向经销商、记者等听众介绍新技术时，我会提前考虑到听众的知识储备能力，并谨慎使用技术术语。

第四，演讲、汇报的注意点。如果我们使用PPT，那就要先讲述PPT上的内容。在补充说明PPT上未包含的背景或补充信息时，我们要说一下"资料中没有此内容"，从而使听众对我们讲述的补充内容有位置感，不会感到困惑。在汇报时，我们要端庄、沉着，语言要清晰、流畅，同时要看着对方的眼睛。

第五，准备答疑环节。我们要避免被意想不到的问题问得哑口无言，或者被带有挑衅性质的问题干扰。在谋求高层管理者的批准时，我们更需要做好万全准备。如果被问得无言以对，那么汇报就会以失败告终，只能面对提案被否定的结局。

第六，彩排和练习是必不可少的。在演讲时，如果我们能在前3分钟进行脱稿发言（约800字），那就容易取得很好的效果。此外，我们要提前确认是否可以在规定的时间内讲完所有内容。

第七，分发资料的时机。在使用PPT进行讲解时，很多人会为是否提前发放纸质资料而伤脑筋。我一般都是在讲解完毕后才发放纸质资料的。如果我们先发放纸质资料，那么听众就会不由自主地先去看手头的纸质资料，而不会关注台上的演讲者了。

第八代CAMRY——开发关键词是Rejuvenation

为了真正让第八代CAMRY"全球同步上线"成为现实，我们不得不克服语言障碍，在时间紧迫的情况下大胆采取各种前所未有的新举措。为此，全球第八代CAMRY开发团队的所有成员必须团结起来。这时，我需要一个与"全球同步上线"相匹配的关键词。

在进行车辆企划的市场调研时，我们听到了"CAMRY是一款非常出色的车，但它无法令人感到兴奋"这样的意见，这真的令我非常震惊。历代CAMRY的优异表现建立了CAMRY可靠性高和安全性强的形象，但恰恰是这种形象造成了"无法令人感到兴奋"的刻板印象。这句话点燃了开发团队成员心中的火焰。2002年秋天，我们开始讨论新一代CAMRY的具体车辆构想，并在"创造中高级轿车全球新标准"的理念下寻找开发关键词。当时，我们生活在一个充斥着经济不景气、异常天气频发等诸多负面话题的世界。我们试图通过新一代CAMRY为所有人提供富有活力、健康的汽车生活。以此想法为导向，我们决定采用"Rejuvenation"作为开发关键词。这是我2002年上半年去世界各地参加海外活动时，在路途中默默记下的一个词。很幸运，这个开发关键词得到了相关人员的一致好评。

PROSUC——受到诸多条件制约但仍勇于接受挑战的"铁臂阿童木"

PROSUC是一款2002年7月发布的、由COROLLA Van和CALDINA Van综合改款而来的车型。

PROSUC的项目开发工作受到很多条件制约。当时，COROLLA Van由于市场竞争激烈而降价，本项目的成本目标已经低到了无法想象的数字。"我们将接受这一看似难以实现的挑战！"我希望用这句话作为口号，在提出开发提案时向高层管理者和其他相关人员传达产品企划团队的决心。

我们决定，PROSUC与Vitz共用发动机、变速箱、前车身底盘等。但为了提高性能，后悬架使用了新型四连杆悬架取代传统的板簧结构。换句话说，这个等于换了一个新平台。开发新平台是需要花时间的，而且不能偷工减料。产品企划团队讨论了开发推进日程，决定花足够的时间来开发新平台。为了给开发新平台腾出时间，我们要在很短的时间内（几乎与ist一样短的时间）完成上车体的开发工作。结果证明，这些努力都是值得的。销售部门希望车辆能在2002年8月左右下线。由于安排得当，PROSUC提前了4个月，在2002年4月就可以下线了。

由于PROSUC的整车开发工作委托给了大发，因此我让大发的人员也一起接受了短期开发和"大房间活动"的挑战。我们对技术开发项目、成本、日程和开发费用均设定了具有挑战性的目标。在项目批准会的会场上，我们郑重宣布，我们的目标是"打造第一款能夺得'CAR OF THE YEAR'的商用车"，并展示了铁臂阿童木不顾双腿被重物困住而一飞冲天的著名动画场景。我想向与会的各个部门人员传达这个项目的困难性以及我们解决困难的决心。

原则5：CE应建立广泛的人脉网络，以便在需要时能够获得帮助

CE不仅要在公司内部建立广泛的人脉网络，还要在公司外部建立广泛的人脉网络。当我们遇到困难时，其他行业专业人士的一句话可能会给我们提供意想不到的灵感。信息并不存在于某个固定的地方，而是在人与人的接触中产生的。

设计师光野有次——UD（Universal Design，通用设计）

我在车身设计部工作15年之后，调任技术部门负责统筹部署的工作，为期5年（技术企划部2年、技术管理部3年）。那时，我能够广泛地接触到各个领域的工作。比如把30位年轻人聚集在一起，讨论技术部门的发展愿景，并向高层管理者提出建议的DREAM21（梦想21，以下简称D21）项目，我担任了该项目的领导者。为了与来自不同行业、拥有不同文化背景的人互动，我们前往许多地方并听取了关键人士的意见。

以此为契机，我接触到了设计师光野有次。D21项目成员柴田园子设计师强烈呼吁：“从现在开始，老年人的数量将会急剧增加。为了适应这种情况，我们需要提早打造标准装备，这就是丰田应该进军的方向。”她的人脉网络之广让我感到震惊。依靠这些人脉，我们得以参观了位于日本长崎县谏早市的“无限工坊”（一个一个地解决残疾人面临的问题，使残疾人能够像健全的人一样生活）和“长崎 Detekoi Land”（一个让残疾人可以轻松、安全地度过愉快时光的公共休闲设施，名称来自“出门便是迪士尼”的日语“谐音梗”）。在那里，我认识了光野有次，他向我介绍了UD的概念，并引领我进入UD的世界。

认识光野有次这件事对我后来开发RAUM的项目有着深远影响。毫不夸张地说，丰田能够采用UD的理念，也是因为我遇见了光野有次。

名古屋大学的熊泽孝朗教授——晕车

当RAUM的开发工作接近最后阶段时，我当时的上司、RAUM的CE都筑功提出了以下问题："RAUM的座椅位置较高，因此乘客的头部位置也较高。这款车的乘客会不会比矮一些的车更容易受到侧倾的影响？换句话说，这款车会不会更容易让乘客晕车？"

当时，我想起来自己不久前在报纸上读过的一篇文章，介绍名古屋大学环境医学研究所正在利用鲤鱼进行与太空眩晕相关的研究。我想，太空眩晕和晕车的起因应该是相同的，我们也许可以从那里找到一些启发。

我向都筑功说了我的想法，他立即表示赞同。他问我："北川君，你在名古屋大学那边有认识的人吗？"我有朋友在名古屋大学医学院，但他们似乎与环境医学研究所没有什么关系。我突然想起了熊泽孝朗，他是我大学网球部的前队友，后来成了名古屋大学环境医学研究所的教授。我立即给他打电话，他了解了我所说的情况，给我介绍了研究太空眩晕的太空医学实验中心的森滋夫教授，并安排我们参观该研究所。

我和都筑功去名古屋大学拜访了森滋夫教授，森滋夫教授给我们讲解了晕车的原理、晕车情景的再现实验以及NASA（美国国家航空航天局）对眩晕的基本评价方法。以此为参考，我们展开了对RAUM是否容易引起晕车的专项深度评价。直到下线之前，我们花费了大量精力对RAUM的底盘进行了反复调校。后来，这个特点被媒体评价道："RAUM是一辆不容易引起晕车的汽车。"我们也针对这一点向公众进行宣传。

东京大学的镰田实教授——面向老年人的超微型车辆

我第一次了解到镰田实教授，是通过1998年8月《日本经济新闻》上的一篇文章《开发老年人用小型单座车"Kappo"（活步）》。根据我的记忆，我和镰田实教授真正有机会交谈是在2006年我调到大发工作以后了。镰田实教授对在2011年东京车展上发布的pico给予了高度评价。为了pico能在公共道路上行驶，镰田实教授也在推动日本国家标准、法规调整方面做了很多努力。

2016年，镰田实教授在日本国土交通省向社会各界公开征求对《关于统一高速公路编号及标识意见》的意见时提出了宝贵建议。镰田实教授可谓日本国内力求解决交通问题的第一人。现在，他还在为解决老年人出行、明确自动驾驶的发展方向等问题而东奔西走。

原则6：CE应是服务于本团队的人事和总务部部长

我们应该保护好自己的"城池"，要有自己调配人、财的气魄。

bB——徽章制作费

造型设计师制作的造型评审演示视频的末尾出现了bB的标志。bB项目开发的相关人员都认为这个标志很"酷"，并给予了一致好评。这个标志的放大版也很快作为招牌被放在了"大房间"的入口处。为了提高项目团队的士气，培养团队意识，我决定制作bB的专属徽章。我计划制作200个bB徽章，并分发给每位相关人员佩戴。因为"没有先例"，所以为了让财务部门批准制作bB徽章的预算，我们费了不少劲儿。从造型到设计、实验、生产技术、工厂检验……所有成员都为能够将bB徽章

bB 徽章

佩戴在胸前而感到荣耀，并更加专注于工作了。

第八代CAMRY——产品企划团队招募成员

尽管CE没有人事权，但CE可以招募优秀的人才加入产品企划团队。20世纪90年代初，我在技术管理部推进组织改革工作的过程中认识了一个人。尽管他是一名新员工，但我感觉他很有干劲儿。之后，他希望积累项目开发一线的工作经验，主动申请调动去底盘设计部工作。

后来，我听说他长期以来的梦想是从事产品企划工作。为了成全这位优秀的年轻人，我想方设法协调相关部门和人员，在2003年7月终于将已经晋升为系长的他招至麾下。自不必说，他作为第八代CAMRY产品企划团队的一员，在"全球同步上线"工作中发挥了积极的作用。

第八代CAMRY——聘请英文翻译秘书

每个产品企划团队的人数会根据项目的规模和难度来确定。第八代CAMRY产品企划团队的人数也是按照规则进行分配的，但由于承担了"全球同步上线"这样史无前例的重任，团队的人员数量明显是不够的。

与海外各基地的沟通、共享信息的工作量很大，如何快速、准确地沟通就成了我们工作的重中之重。迄今为止，丰田的产品企划团队一直按照"日文会议纪要→英文翻译→传送"的步骤进行沟通，但这一流程需要约一周的时间。如果遇上某些问题，相关人员可能要在近10天后才能收到信息。

我想出了一种办法：在开会时准备两块白板，一块记录日文，另一块记录日文翻译成的英文。在会议结束时，将日文和英文的会议纪要以传真的方式迅速发给位于世界各地的团队成员。由于这个办法需要增加费用，管理部门碍于成本，面露难色。我努力说服了管理部门，以"主查助理"的身份额外聘请了一名翻译。

"会议纪要速递活动"立即受到了团队成员的热烈欢迎，因为它能在第一时间传达日本方面的讨论状况。这对于以"全球同步上线"为目标的第八代CAMRY项目来说是极为重要的。

第八代CAMRY——"全球同步上线"增加了交流成本

为了在全球范围内同时上线第八代CAMRY，我们将底盘规格从多种类型缩减到了三种，并在东富士测试场举行了试驾确认会。我们召集了来自美国、澳大利亚等地的驾驶性能及乘坐舒适性的评价负责人。由于这些项目成员很少有机会见面，因此我们计划举办联欢会，加强团队成员之间的交流。

这时，问题出现了。联欢会的费用是由参与者分摊，还是由主办者丰田总部承担？开发中心的预算管理部门对费用的控制一向很严格。我小心翼翼地问了一下能不能批一些经费，他们答复说："不能。"然而，当我们这些丰田总部的员工去世界各地出差时，各地的同事总是会热情招待我们。我再次恳求，这次无论如何也要由丰田总部来承担费用。尽管提供的经费很少，但预算管理部门还是同意了我的请求。

原则7：CE应"愚直"、扎实、彻底地检查图纸

制造业的原点就是图纸。在时间允许的情况下，CE要尽可能多地检查图纸并向设计师提供反馈意见。"大房间活动"的目的是确保按期交付完成度达到100%的图纸。

第八代CAMRY——"终极图纸"和"一零件一图纸"

在第一章中，我介绍了完成度100%的图纸按日程表交付的相关内容。在第八代CAMRY开发项目中，我们更是在全球范围内完成了"终极图纸"和"一零件一图纸"的挑战。

实现无试制车开发的关键是"绘制终极图纸"。换句话说，相比

于后期进行设计变更，从一开始就立足于绘制"终极图纸"会更有效率，也不需要试制车。

日本生产的bB已经实现了无试制车开发（见第一章），但第八代CAMRY开发项目是首次尝试在如此大型的全球项目中应用无试制车开发。推进无试制车开发的平台是名为"DR会议"的图纸评审会议。

我们摒弃了"绘图是设计师的工作"这种先入为主的观念。评价部门、生产技术部门、工厂、供应商的相关人员都参与了绘制图纸的相关工作，站在各自的立场上发表意见、分享智慧。通过大家共同努力，我们按时完成了"终极图纸"的出图工作。只要不发生设计变更，模具生产就会很顺利。结果，我们得到了所有需要的高质量正式模具，没有任何缺陷，并且在短时间内制造出了品质极高的性能验证车。

我们在绘制图纸时面临的另一个挑战是"一零件一图纸"。在那个时候，即使是同一零件，不同的工厂也可能会使用不同的图纸，因此存在同一零件对应多种图纸的情况。尽管这样做是为了适应各个工厂所在地和供应商的情况，但这成为提高全球范围内产品质量和生产准备效率的障碍。如果我们实现了"一零件一图纸"，那么就可以更容易地确保产品有相同的品质，并可迅速在全球范围内同步推进生产工作。

我们让世界各地的供应商和各工厂的生产人员参加DR会议，出现的任何问题都要在设计阶段得到解决，并反映在图纸中。我们将与生产相关的所有问题统一为"One Voice"的活动，也在位于全球各地的工厂顺利开展。通过这些努力，我们最终实现了"全球同步上线""全球统一质量"的目标。

原则8：CE应"愚直"、扎实、彻底地深耕成本领域，实现成本目标

CE一定要将总成本可视化，然后将其分解为每个零件的材料成本、加工成本和模具成本。一视同仁、缜密、"愚直"、杜绝计算错误，是成功降低成本的关键。

产品企划的大部分工作都是为了实现成本目标。在实现"制造理想的汽车"这一梦想的路上，CE总会面对"大幅降低成本"这座大山。从开发的早期阶段到量产开始之前，甚至在量产开始之后，CE都要与"成本"进行战斗。在造型阶段、设计阶段、评价阶段、生产准备阶段，CE一直要评估能否实现成本目标（另见第四章中"体制1：成本企划"的相关内容）。

PROSUC——必须实现降低约30万日元成本的目标

在PROSUC开发项目中，如何实现降低约30万日元成本的目标成了一个非常重要的课题。当时，COROLLA项目正在开展"重新审视成本"的EQ（Excellent Quality，卓越品质）活动，并且取得了喜人

的成果。

我们决定将这个活动"横展"（丰田的术语，指将优秀的技术、经验在全公司共享）。我们邀请了开发受托方的大发，一起了解EQ的精神、学习成本核算的要求及降低成本的方法。

之前的项目降低成本活动主要针对零件的设计成本、制造过程中的加工成本、设备的折旧成本和开发成本。但这次活动增加了降低成本的目标，包括：改进规格和性能的部分在销售价格中的溢价，降低经销商利润、宣传成本和物流成本。关于广告费用，因为商用车的广告投放频率较低，我们要求广告公司调整收费机制。

我们决定对成本进行彻底可视化管理，对那些迄今为止从未被触及的领域痛下杀手。不出所料，这项改革遇到了各个部门保守势力的反对，也产生了一些摩擦。但作为CE，我高举"这就是EQ精神"的大旗，带头强力推动这项改革。我清晰地记得我们最终成功实现了降低约30万日元成本的目标。

后来，在第八代CAMRY开发项目中，我们以PROSUC开发项目开展的降低成本活动为基础，开展了"全球降低成本活动"。得益于这项活动，我们实现了极为严苛的成本目标。

原则9：CE不要让销售人员决定如何销售产品，要思考自己开发的产品的宣传、销售方式

最了解产品的人是CE，不要完全依赖广告公司。

"自己开发的车都很好，就像自家孩子一样""从心底期望自己开发的车可以大卖"，每位CE都有这些想法，我也是其中之一。我的脑海中时不时会浮现出各种各样的想法，比如"打出这样的广告好不好""以这种方式进行销售好不好"等。我的一些想法在请求销售部门付诸实施后，取得了良好的效果。我想介绍一些事例。

RAUM——《RAUM的技术趣谈和开发秘闻》

就在全新车型RAUM发布之前，我想让销售人员和记者尽可能多地了解RAUM。我苦思冥想，于是《RAUM的技术趣谈和开发秘闻》一书就此诞生。由于销售手册、产品目录和产品说明书的篇幅有限，我们担心无法充分表达RAUM的优势。为解决这个问题，我了解到相关成员在开发过程中有一些有趣的故事，就要求他们写下自己对开发工作的信念和热情，总结后将其制作成了《RAUM的技术趣谈和开发秘闻》。在经销店，我们请客户经理在与客户交流的过程中把这些趣闻轶事分享给客户，或者在早会上将这些故事作为主题进行介绍。结果，《RAUM的技术趣谈和开发秘闻》一书非常受欢迎。

在RAUM之后，我为自己负责的所有全新车型项目都制作了这种小册子，这些项目包括：FunCargo、bB、bB OpenDeck、ist、PROSUC，当然也包括我引以为傲的大项目第八代CAMRY。

"技术趣谈和开发秘闻"系列

在《RAUM的技术趣谈和开发秘闻》中，关于RAUM的开发秘闻包括下面这则故事，标题是《制动辅助 驾驶培训班的纸箱轶事》，作者是当时在东富士研究所第2车辆技术部先行开发室任职的吉田浩朗。

安静的丰田东富士研究中心又迎来了普通的一天。"啊！""危险！撞上啦！"……吭吭吭！尖叫声和撞击声相继传来，到底发生了什么？是汽车撞到了东西吗？是的，汽车撞上了纸箱。实际上，这是为了体验真正发生事故的那一瞬间，我们特别企划的"驾驶培训班"活动中的一幕。

我们总共招募了208名普通民众（从18岁到70岁的男性和女性，从总务部女员工、总务部部长秘书到公司食堂阿姨、园丁大叔），向他们事先传达了这样的信息：我们将举办驾驶员培训班，让您可以在新型的丰田汽车上体验丰田最新的安全技术；开车进入测试场之前，请各位先绕着厂区道路转一转，适应一下。当他们正常驾驶汽车的时候，一个大纸箱会突然出现在车前面，完全没有事先警告。这是我们精心设计的"陷阱"。

正是经过这段时间对刹车操作的研究和分析，我们发现很多人在紧急情况下踩刹车踏板的力度不够，这促使了制动辅助系统的诞生。

看似简单的纸箱道具，实际制作起来可并不容易。在初期测试中，我们曾尝试使用小纸箱，但驾驶员表示"这么小，可以从上面压过去""没有什么紧张感"。因此，我们决定把它设计得大且具有视觉冲击力，当它突然飞出来的那一刻，驾驶员会想"必须停下来"。此外，当发生碰撞时，纸箱应该能够破裂以分散冲击力；纸箱还得不会被风吹跑。我们做了五次试验，总共弄坏了几十个纸箱，才制作出了符合条件的道具。这项测试的关键是，如果"驾驶培训班"的参与者提前知道车辆前方将飞出纸箱，那么一切就都没有意义了。因此，我们采取了各种措施来防止他们注意到纸箱的存在。例如在一条看似普通、正在施工且空无一人的道路上，一只纸箱会从移动式厕所后面突然飞出来。事实上，这一切都是精心安排的。

得益于精心安排，大多数参与者都没有想到会有纸箱飞出来，他们会在接近正常驾驶的放松状态下体验这种"危险"场景。这种放松状态对于解析"真实事故发生瞬间的本能操作"非常重要。如果我们在测试场中进行所谓的"测试"，那么参与者肯定预先有"什么东西会飞出来"的心理准备。这与正常驾驶状态相差甚远，不可能完美再现"真实事故发生瞬间的本能操作"。

那么，当天大家的刹车情况怎么样呢？一名男性参与者高喊："这是怎么回事？"但他完全忘记了踩刹车。一名女性参与者尖叫道："啊！"她没有踩刹车，而是紧紧握住了坐在副驾驶座的乘客的手……令人惊讶的是，我们发现即便是看似简单的"猛踩刹车"这样的操作，在危急关头也不是每个人都可以做到的。有赖于这些分析结果，我们将采集的第一手数据都融入RAUM的制动辅助系统开发中。

（本书作者补充和订正了个别内容）

我在这里想聊些题外话。当时，负责其他量产车的CE也在考虑采用这种制动辅助系统。此前，丰田的传统做法是把这样先进的安全设备先配置在皇冠等豪华车型上，然后逐步推广到Corona和COROLLA等普通车型。当其他CE还在观望的时候，都筑功和我都意识到"这种制动辅助系统在驾驶员多为新手和老年人的普通车型中更有配置的必要"。我赶紧将它添加到了RAUM的车辆企划中（尽管从成本企划的角度来看这是很困难的）。结果，RAUM成了丰田第一款配置制动辅助系统的汽车。

Tercel——为促进制动辅助系统销售而设计吉祥物

1997 年 12 月，我们计划对Tercel进行一次小改款。在一般情况下，小改款主要是对车辆造型进行外观方面的调整，在性能和配置方面不会有大的改动。

然而，这时正好有了一个新话题——制动辅助系统。制动辅助系统是1997年5月发售的新车型RAUM上搭载的一个新系统。当时，ABS（防抱死制动系统）越来越普及。但有一种声音指出，用户并没有实际感受到ABS的用处。因此，丰田调研了用户进行制动操作的瞬间动作，以确定ABS未充分发挥功用的原因，并研发了"制动辅助系统"来解决这个问题。

换句话说，为了启动ABS，驾驶员需要在制动踏板上施加一定程度的力。但正如前文介绍RAUM测试的小故事中提到的，大多数人在面对紧急情况时，没有用力踩制动踏板。然而，如果制动辅助系统判定当下驾驶员正在进行紧急制动操作，即使驾驶员没有用力踩下制动踏板（比如驾驶员在汽车快速行驶时踩制动踏板），那么制动辅助系统就会激活ABS。这就是制动辅助系统的独到之处。

然而，要让经销商的销售人员和用户了解制动辅助系统的具体功能并不容易。我们在发布RAUM时，为了介绍制动辅助系统伤透了脑筋，我们想了很多办法，但是效果都很一般。因此，我们想借助这次Tercel改款的机会，一举提升制动辅助系统的知名度。我们想到了通过卡通吉祥物的力量来进行宣传的点子。我的提案是广告中出现一只可爱的兔子（名叫Pitatto，日语"完全停止"的谐音），它可以帮助驾驶员踩下踏板，使车辆稳稳地"完全停止"。

产品企划团队的成员都认为这是一个好主意，并给予了高度评价。然而，手握宣传预算的销售部门对这个提案没什么兴趣，因为他们认为"丰田已经有很多吉祥物，不想再增加了"。最终，我的提案没有被采纳。在向经销商展示小改款车型的发布会上，我们准备了一个巨大的制动踏板模型和一个既有的丰田吉祥物来向公众宣传制动辅助系统。虽然我关于吉祥物的提案未被采纳，但我通过这件事明白了让经销商和用户了解新功能的重要性以及在此过程中可能遇到的困难。

FunCargo——制作"第三目录"

在此之前，汽车产品目录主要的功能就是说明汽车本身的硬件配置，告诉用户汽车使用技巧的篇幅是有限的。因此，在开发FanCargo的过程中，我们利用了跨行业的交流经验来对如何利用后排的"梦想空间"进行了拓展。我们召集了住宅、汽车露营、海滩、音响、福祉等各领域的专家，历时约3个月，整理出了8个使用场景。基于此，我们编辑制作了"第三目录"：《自由自在享受FunCargo——空间活用手册》。负责车辆评价的部门也很高兴，根据我们的设想再现了许多实际的使用场景。与此同时，更多的新点子也随之涌现，从基础的"露营配置"开始到可以使用小型投影仪欣赏电影的"私人影院配置"，还有男人的独处空间："爸爸的书房配置"和"街头音乐家配置"，以及带淋浴套件的"冲浪者配置"。"午睡配置"最初的命名为"情侣酒店配置"，但负责技术的副社长认为"情侣酒店配置"这个名称"太过粗俗"，最终将其定为"午睡配置"。我个人最喜欢的是"爸爸的书房配置"。

这是开发团队第一次参与编辑如何使用汽车的手册。在此之前，"开发团队的任务就是设计产品并将其商业化，如何销售产品是宣传和销售部门的工作，开发团队对此并不感兴趣"。这是值得反思的。经此一役，我认识到产品企划团队积极提出像"使用方法"等"软性"营销建议，对车辆上市后的销售工作是极有帮助的。得益于这些努力，FunCargo与Vitz、Platz一起荣获了1999—2000年度日本年度风云车大奖。

FunCargo——产品企划团队竞标电视广告的制作工作

FunCargo的产品企划团队竞标电视广告的制作工作，始于产品企划团队在丰田宣传部门的监督下，向三家广告公司进行新产品说明。

在进行新产品说明一个月后，三家广告公司会分别提交各自的广告方案。具体来说，广告方案包括在15秒内讲述的故事、分镜头（漫画）、广告中出镜的演员、拍摄地点、背景音乐等。此后，经过多轮激烈讨论，宣传部门将最终决定选择哪家广告公司。我们产品企划团队也有一票投票权。

1999年夏天，我作为FunCargo的产品企划主查，被指派向广告公司进行新产品讲解。当时，我想起了宣传RAUM时效果不甚理想的情景，我心中的热情被再次点燃了。但我只有1小时的时间向广告公司说明我们满怀热情开发的、如自家孩子般珍贵的新车FunCargo。这点儿时间是不够我完整表达自己想介绍的内容的。如果是皇冠、COROLLA等经过多次迭代的经典车型，那么1小时也许是足够的。但是像FunCargo这种新概念、全新车型，光是讲车名的由来就需要花很多时间，我还要表述开发人员对该车的规格、功能和设计的想法，因此1小时的时间是远远不够的。

结果就是，广告的成败只能靠文案写手的想象力了。广告公司的文案写手都很优秀，往往能创作出朗朗上口、广受欢迎的广告语。但也有很多时候，广告文案不能传达出产品的优点，没能引起轰动。我想制作出一个能够清晰传达我们这些FanCargo开发者心声的广告。当我向我的上司都筑功表达我的担心和想法时，他赞成我的意见。我们商定的结论是：我们FunCargo的产品企划团队也要参与电视广告的制作工作竞标。

在三家广告公司齐聚一堂的竞标启动仪式上，宣传部门的代表宣布："这次新增一家公司参加竞标，'这家公司'就是产品企划团队。"我至今都无法忘记当时广告公司代表们脸上困惑的表情。

我和都筑功心中理想的广告是，简单地传出FanCargo最大的卖点：后排座椅可以快速收纳到地板下，并且该空间可以灵活运用于多种场景。我们准备的提案是这样的：魔术师登场，烟雾随着咒语升起，后排座椅随之消失。这时出现了各种使用场景，如露营、爸爸的书房、私人影院等。我们将以上内容制作成了分镜头故事板，在竞标会议中进行了说明和展示。遗憾的是，我们没能竞标成功，但我相信我们的斗志激发了广告公司之间的竞争热情，中标的广告公司最终制作出了高品质的电视广告。

原则10：CE可以利用专家协助自己，弥补自己专业知识的不足之处，但永远不应怠于学习

CE应始终努力学习，力求能够与专家平等对话。CE要不断打磨自己的提问技巧。CE应深入研究至少一个领域，在丰田内部成为专家。

当我成为主查后，我的上司都筑功对我说："你不可能精通所有领域的知识，在必要的时候能够随时学习需要的知识就可以了。"虽然我从中得到了一些安慰，但我想"艺不压身"，多掌握一些专业知识自己就多一些底气。我的老本行是车身设计，我认为自己在内饰、车身钣金、外饰方面拥有较为丰富的经验。但当我成为主查后，我清晰地意识到自己在专业知识方面的不足之处。在开发RAUM的过程中，我得到了同样擅长车身设计的金井俊彦的大力帮

助，他比我早一些调入产品企划部。此外，我在书店和图书馆反复阅读了许多有关汽车的书籍。

　　一般来说，当提起汽车开发的专业知识时，大家通常会想到汽车工程学的专业知识。我从实际工作的角度出发，提出汽车专业知识的体系。后来，我调任到大发。为了让所有员工都能够更深入地了解作为产品的汽车的概念，我创建了一个基于汽车专业知识体系的培训计划。

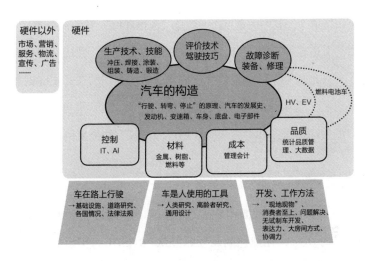

作者提出的汽车专业知识体系

原则11：CE应以身作则践行"现地现物"的原则，并调动身体的感觉器官认真体会

CE要走出去，到开发一线、工厂、经销商的工作地点用心观察，倾听用户的心声，仔细感受，详细了解新技术、新装备的信息。问题解决方案的灵感都在现场，等待着被发现。

我加入丰田公司后，先被传授的便是公司核心理念TOYOTA WAY（丰田之道）。其中的重点之一就是"现地现物"。我们被教导：到现场去，看透现物；弄脏自己的双手，亲身实践。无数成功案例都说明了"现地现物"的重要性，比如第一章中介绍的在开发bB时我去大黑码头感受年轻消费者聚集地氛围的案例。我这里再介绍"观察用户的使用场景"和"直接听取用户的建议"两个案例。

PROSUC——高速公路服务区

PROSUC是一款商用Van（厢型车）。刚进公司时，我曾在经销商处实习，在此期间驾驶过几次PROSUC。实话实说，当我试图为这款车提出一个新概念时，我完全没有思路。在开始讨论新概念之前，我们产品企划团队决定先研究一下COROLLA Van和CALDINA Van的使用场景，以及驾驶员们以何种情绪去驾驶它们。

除了产品企划团队的成员外，与车身设计、造型相关的人员也参与了研究。我们对高速公路服务区停放的商用Van的驾驶席和货

厢进行了观察，并对驾驶员进行了突击采访。这种车型被应用于多种行业，这让我们接触到了许多在开发乘用车型时不曾了解的信息。

·在高速公路上，我们经常会遇到COROLLA Van以非常快的速度从我们的车旁驶过，这可能是因为工地赶工期，因此COROLLA Van的驾驶员需要赶时间。

·商用Van车内的烟灰缸里总是装满了烟蒂。

·商用Van的驾驶员大多不喜欢PVC（聚氯乙烯）仿皮座椅，因为冬天坐上去感觉很冷。

·驾驶员在商用Van的驾驶席周围找不到放置发票、货单等杂物的地方，这很让驾驶员伤脑筋。

·商用Van的驾驶员在午休时需要一个地方摆放午餐和饮料。

·虽然生命是同样宝贵的，但商用Van的安全性远不如乘用车（为了降低成本）。

·做出购买商用Van决定的人（通常是公司的总务部门）和商用Van驾驶员的立场是不同的。

我们得到了很多诸如此类的一手信息。基于这项研究，我们将PROSUC开发关键词定为：ACV（Advanced Commercial Vehicle，先进商用车），意为"下一代商用Van"。我们的目标是开发一款无须改款即可在10年以上的时间里保有竞争力的产品。

第八代CAMRY——无视赴美出差限制令，坚持对用户进行走访

在开发第八代CAMRY时，我们只能成功，因为"失败是绝对不能被允许的"。无论如何，我们都想开发出一款足以匹配美国乘用车销量第一名头衔的汽车。当时在售的第七代CAMRY的销量很好，但也有一些用户尖锐地指出"CAMRY是辆好车，但很无趣"。

我之前负责的RAUM、FunCargo和bB都是基于彻底研究市场、深度观察用户来确定概念和产品企划的。因此，这些车在发布后都成为热门产品。对第八代CAMRY的开发工作，我也打算如法炮制。也就是说，我要亲身观察以美国为首的主要国家的市场，观察用户的生活方式，了解用户对当前车型有什么想法。我决定亲自采集并分析这些信息，根据调研结果最终形成CE构想。

虽然丰田北美公司及丰田海外销售部门已经做过了关于美国用户对CAMRY评价的全面报告，但我认为，将信息一概而论是非常危险的。美国有东海岸、西海岸、南部、中西部等地区，不同地区的用户使用CAMRY的场景和偏好肯定会有不同之处。

CAMRY以前是在第二中心开发的，但由于丰田"均衡负担"的方针，因此第八代CAMRY的开发工作由第一中心来负责。[1]但实际上，第一中心的研发人员大多缺乏开发海外项目的经验。这也就是说，制定CAMRY操纵稳定性和乘坐舒适性等性能目标的人是一

---

[1] 在开发第八代CAMRY时，负责开发FR车型的第一中心的开发工作大量减少，丰田以"均衡负担"的名义把一部分以往由第二中心负责的FF车型的开发工作移交给了第一中心。——作者注

些从未有过美国驾驶经验的工程师。

我由此生出了危机感，觉得必须做些什么。我立即与主查布施健一郎等人进行商议。我们决定回归初心，虚心听取美国用户对CAMRY的实际评价，了解CAMRY在美国的实际使用情况等信息。我们最后决定走访美国的6座城市，拜访32户家庭（用户）。在通常情况下，市场调研是由与市场和商品企划相关的人员、部门负责的。但这次调研不同以往，我们想让设计人员和评价人员同行，更近距离地了解用户的生活状况，甚至一同乘车兜风。开发团队的成员为了亲身感受到CAMRY及其竞争对手日产天籁、本田雅阁、福特金牛座等的真实市场评价而努力。

当时，伊拉克战争爆发，丰田的人事部指示员工取消"非必要""非紧急"的海外出差。但我们坚称这是绝对必要的调研，并坚决执行了相关出差任务。从结果来看，我们此行收获颇丰，确认了用户不仅关注静谧性和乘坐舒适性，而且对驾驶性能（动力性能和直线稳定性）也有着比较高的要求。

原则12：CE应提早践行"与用户交互式开发"的方法，如果感到迷茫就应观察用户

CE应做好万全准备并尽早付诸实践。例如对于"车钥匙是否好用"这类问题，CE要先对用户进行观察，而不是进行糟糕的讨论。

在进行市场调研（听用户说话）之前，CE要先观察用户的动作和面部表情。

RAUM——确认老年人上下车的便利性，针对家庭主妇及儿童的各种使用便利性测试

初代RAUM的企划初衷是开发第一款不专门为某一人群打造、面向所有年龄段用户（男性和女性）的汽车。我们聚焦了上下车这一最常见的基本动作，尝试着让上下车变得更容易。对于正常的年轻人来说，上下车这个基本动作可能根本不会有什么问题。但对于老年人来说，上下车往往有些困难。即使是年轻人，当腰背疼痛时，上下车也是很困难的。

我们可以想象一下自己进入轿车前座的情景。我们先打开车门，然后跨过车门踏板（相当于房子里的门槛），脚踩在车内地板上。同时，我们要弯曲背部，防止头部撞到前柱，然后移动臀部，坐在座椅上，最后让全身进入车内。对于前柱倾斜度大的低矮座椅车型或跑车来说，完成这个动作的难度会更高一些。

RAUM 的开发理念：
我们的方针是采用通用设计的理念，
制造完全以人为中心的汽车

RAUM的开发理念

照片摘自产品目录

一般人在进入后座时，往往先要注意后门上框，防止碰头，然后顺着后门与后座之间的空隙，将脚跨过车门踏板踩到车内地板上，再扭动身体，让臀部一下子坐在后座上。

老年人在进入后座时，往往先将臀部的半边坐在后座的外沿上，然后顺着后门与后座之间的空隙，两只脚逐个跨过车门踏板踩到车内地板上，再慢慢调整臀部的位置，直到身体变为正常坐姿。这是一个相当困难的过程。

RAUM的车身比较高，因此与轿车相比，RAUM前座的高度更高、前柱倾角更小、座椅更高、车门开闭角度更大。此外，由于RAUM的后排座椅采用了滑动门，因此乘客不再需要像之前描述的那样做出复杂动作就可以直接进入车内。从理论上讲，就乘客上下车的便利性而言，RAUM应该比轿车强很多。

　　然而，如何验证这辆车确实能让腿脚不好的老年人轻松上下车就成了新的挑战。评价部门内已经设立了专门研究人体工学的机构，但我们缺少腿脚不好的老年人作为研究对象。当时，丰田公司里没有60岁以上的员工。就算快到退休年龄的员工，一个个也都生龙活虎。我有些不知所措了。与今天的情况一样，新车的开发工作在上市之前基本上都是公司的最高机密。正在这时，我读到一篇报道，内容是其他公司"小范围地向用户展示了他们的在研车型，并尽可能多地解决了用户反馈的问题"。我立刻为之一振：既然其他公司可以这样做，那么丰田是不是也可以尝试一下呢？我向都筑功汇报了这个想法，他爽快地答应了。

　　我们马上实施了面向腿脚不好的老年人的RAUM试乘活动。我们还准备了轿车和面包车进行对比。对于老年人来说，轿车太低了，而面包车太高了。因此，老年人上下轿车和面包车确实很困难。另外，开闭面包车的滑动门需要一定的力量，对于小学低年级的孩子来说，这比较困难。我们邀请了开发受托方中央汽车公司的员工家属（老年人）来到公司，分别体验了轿车、面包车和RAUM的上下车情况，并将这一过程拍摄成视频。结果显示，那些几乎无法正常上下轿车或面包车的老年人，在上下RAUM时毫不费力。

轿车　　　　　　　　　　　　　　　RAUM

观察老年人上下车情况，摘自观察记录视频

　　后来，这段具有说服力的视频在全丰田[①]TQM（Total Quality Management，全面质量管理）大会和通用设计研讨会上被反复播放。这彰显了丰田对开发流程的深度探索精神。

　　在中央汽车公司进行评价时，RAUM尚处于模型阶段。在试制车完成后，丰田也对RAUM进行了彻底的评价工作。

　　此时，关键人物柳濑亚矢女士发挥了积极作用。不幸的是，在新车发布会召开前不久，她在一次直升机事故中遇难。她努力说服了丰田的管理部门，后者曾一贯坚持"没有先例的事，坚决不做"。

　　我们计划邀请一家毗邻丰田技术部门的养老机构Joystay（乐住）的老年人，在远足游玩的途中顺路来到技术部门参观并体验正在开发中的RAUM上下车的便捷性。不出意料，管理部门开始发难，提出了"保密问题如何解决""老人万一晕倒了怎么办"等问题。我们只能一件件解决，我们拜托老人们签署了一份文件，上面

———————————
① 全丰田包括当时丰田集团下属的15家公司和300余家供应商。——作者注

写着"我不会对外透露今天的任何事情";为了以防万一,我们还特地请医护人员到达现场以备不测。最终,我们总算得到了批准。

通过这次评价活动,我们不仅验证了RAUM前后排座位的上下车便利性,还证实了在企划阶段遭到反对的横开式后门的使用便利性。我们特意邀请了家庭主妇和儿童来验证RAUM后门的使用便利性。上开式后门很难在开闭过程中固定下来,但横开式后门可以让使用者根据需要选择合适的开闭角度,以取放所需的物品。我们还发现,即使车辆后方的空间很小,横开式后门也是很容易使用的。

我将这个开发方法命名为"与用户交互式开发"。此后,我将其应用于多个项目的开发工作中。后来,在第二代RAUM的开发过程中,得益于普通用户积极参与,我们得到了"提高仪表可视性"及"改善异常时的警告灯标志"等重要信息。

关于"与用户交互式开发"的报道
左:1997年6月4日的《日本时报》
右:1997年6月9日的《自动车新闻日刊》

第八代CAMRY——广播信号接收性能评价

在开发第八代CAMRY时，J.D. Power[①]（君迪）的评价显示，在售CAMRY"接收广播信号的性能不佳"。经过调研，我们发现当时丰田只在底特律近郊进行了相关评价。

那个时候，我正在制订新推出的CAMRY混合动力车型的美国路试计划（从洛杉矶到纽约，为期两周时间）。我在驾驶评价小组中增加了一名音响方面的专家，并要求他跟在车队中，在不同的地方持续收听广播。我还要求驾驶评价小组利用在加油站加油的时间访问附近的美国人，了解他们最喜欢的音乐以及他们惯用的车内音源。

结果发现，许多AVALON和CAMRY用户不常听CD或FM（调频）广播，他们经常收听的竟然是AM（调幅）广播。在此之前，丰田仅针对FM广播进行过评价。在售的CAMRY"接收广播信号的性能不佳"的原因找到了，"与用户交互式开发"方法在这里也起了很大作用。

丰田后来开发的"方便所有人使用的出租车"JPN Taxi（日本出租车），由于为轮椅使用者安装坡道的功能极为不便而多次出现拒载残障人士的情况，成了坊间热议的话题。我认为，如果贯彻了"与用户交互式开发"方法，那么就不会出现这样的问题了。

---

① 　J.D. Power是一家消费者洞察、市场研究和咨询、数据及分析服务提供商。其发表的"顾客满意度评价"结果对用户具有较大的影响力。——编者注

原则13：CE应认为开发进度延迟是最大的耻辱

不要以冒进主义思想接受不可能完成的开发日程。但是，一旦接受了开发日程，就无论如何都要坚持下去。遵守开发日程是最考验CE管理能力的地方。

CynosCV（西诺斯敞篷版）——殊死跟进开发日程

1996年，我作为主查接手的第一个项目是丰田最小的轿跑车第二代CynosCV。我当时还要兼顾RAUM的开发工作。在此之前，都筑功直接指挥这个项目的推进工作，他委派我这个"新人主查"接手了该项目。

CynosCV的开发和生产工作是外包给美国制造商ASC（American Specialty Cars，美国特色汽车）公司的，该公司专门从事车身改装业务。在推出CynosCV之前，丰田曾有过外包Celica（赛利卡）开发和生产工作的先例，开发工作在美国底特律进行，生产基地位于美国加州长滩。

当我接手这个项目的时候，设计工作已经完成。项目正处于等待试制车完成、准备进行评价的阶段。我关注的问题点包括车篷开闭不顺畅、漏水、异常噪声等。我当即决定去美国出差，亲自查看试制车的性能和评价工作。但是，这个项目实际情况与汇报给日本的"正在按计划进行"的信息大相径庭。由于零件缺陷和精度问题，品质过关的试制车尚未完成。我担心再这样下去，日程会大大推迟。在做出了"跟进缺陷零件的交付时间"和"变更形状、材料等的设计方案"等指示后，我暂时返回了日本。

几个月后，我再次出差赴美。这次，生产管理部门（管理日程的部门）的负责人也跟着一起来了。因为CelicaCV项目多次出现过进度延迟的情况，所以他们要跟进CynosCV项目，视察是否已采取了得当措施以防止再次出现进度延迟的情况。生产管理部门的人员在理论上不用到海外出差，但为了提高效率、推动项目进展，丰田生产管理部门的负责人也会跟着CE一起出差，配合CE工作。我从主查的立场来看，感到心里踏实了很多。

然而，现实却令人十分绝望。丰田在变更设计方案之前，会先使用手工加工的样件来确认对策的有效性。但ASC公司的员工在对策的效果尚不清楚的情况下，若无其事地表示"已经变更设计方案了"。我问他们为什么不先快速使用手工加工的样件来确认对策效果，我听到的答复却只有各种借口。我觉得很多美国人非常喜欢为自己的过失找借口。

生产管理部门的负责人召集了ASC的经理，并用十分严厉的态度说明了现在事态的紧迫性和如何才能走出当下的困境。虽然他用的基本都是日语，但ASC的人员也感受到了他急迫的心情。最终，ASC的人员被成功说服了。回日本的那天上午，我对ASC低下的管理水平感到惊讶和无奈，愤懑之情久久不能平息。在最后一次会议上，ASC的项目负责人向我保证他会扭转当前的局面。可能是因为我看起来有些沮丧，他问我："你感觉还好吗？"我本来想说

"我有点儿生气",但我误用了"wrath"(盛怒)来表达我的感受。"wrath"是我那时刚学的一个词,出自约翰·斯坦贝克的小说《愤怒的葡萄》。ASC的项目负责人听了我的话之后,愣在了原地,一动不动。当时,我不太明白他为什么会有这样的反应。我后来查字典后才知道,"wrath"表示"天谴,盛怒"。

此后,对策实施的进展和进度管理的跟进工作都平稳顺畅,CynosCV按原计划顺利下线。都筑功对我进行了一番夸奖,他说道:"这是ASC第一次按时完成外包项目,你做得很好。"

原则14:CE应竭尽全力培养年轻一代的CE,甚至需要严厉或巧妙地责骂他们

一旦敲定了各个主题及相关的输出物、推进方式,CE就应该放手让部下去干。CE应让年轻人尽早体验产品企划团队("Z团队")特有的五项工作,并积累经验。这五项工作是制作开发提案资料、认证、重量企划、发布准备和担任RE。

我始终关注的是确保我们的团队可以及时完成大量工作,并鼓励参与开发的众多团队成员保持高昂的士气。

因此,谁都想拥有一个等同于自己"分身"的好下属。如果说有些下属"是我培养成才的",那就有些言过其实了,但我确实有多位曾经"同在一口锅里吃饭"的伙伴活跃在各个岗位上。当我收

到以前下属寄来的新年贺卡，上面写着"我升职了""我将负责某某项目"，或者当我在报纸、杂志上看到他们的名字时，我都会感到很欣慰。

与我一同开发RAUM、bB的多田哲哉后来担任了86、Supra（牛魔王）的CE；与我一同开发FanCargo和ist的安井慎一后来担任了丰田汽车北美区EVP（执行副总裁）；与我一同开发AVALON的寺师茂树后来担任了丰田副社长；与我一同开发第八代CAMRY的佐藤恒治后来担任了Lexus International Co.（雷克萨斯国际有限公司）的总裁[①]；同样在第八代CAMRY项目中奋战过的吉冈宪一后来担任了Alphard（埃尔法）的CE。他们都活跃在不同的重要岗位上。（上述职位的信息为截至2020年1月的情况）

原则15：CE是开拓新市场最有力的销售人员，要积极进入新市场

针对首次进入的海外市场，CE要发动身体的感觉器官仔细体会当地的情况，寻找潜在的需求。

Scion品牌——美国前期市场调研

bB的首要任务是重新夺回日本年轻消费者市场的份额。当我研

[①] 佐藤恒治于2023年4月1日正式就任日本丰田汽车公司社长。——编者注

究年轻消费者喜爱的街头文化时，我发现大多数街头文化都起源于美国。1996年，我出差去美国检查CynosCV项目的进度。我在美国街头经常能够看到随心所欲地改装自己的汽车、沉浸在音乐或其他爱好中的年轻人。这令我印象深刻。

因此，在bB的产品开发初期，我曾多次联系过海外企划部门的人员，希望他们将bB推向美国市场。然而，他们却冷冷地回答道："没有必要，bB是一款专门针对日本市场的产品。"因此，bB只开发了右舵车型。

后来，bB在日本大受欢迎。海外企划部门的人员态度大变，他们说："其实丰田在美国年轻消费者市场中的份额也在下降。因此，我们希望考虑推出一个新品牌（Scion）。"他们的态度"180度大转弯"了！我立即决定进行市场调研。到美国后，我提出了调研大学停车场的想法。

丰田汽车北美公司的一位业务负责人不太情愿地说："您从日本远道而来，就不必去了……"当看到大学停车场里停着的汽车时，我感到十分惊讶。从销售数据上来看，COROLLA应该不会比本田思域少太多。但实际上，本田思域占有压倒性优势，停车场中停放的COROLLA数量很少，如果不仔细找都很难找到。此后，左舵版bB被紧急开发出来，作为Scion xB在美国市场推出，一炮而红。

在印度尼西亚乡村体验生活

2010年，基于印度尼西亚的经济发展趋势，我们认为印度尼西亚的农村地区势必会迎来"机动化浪潮"。我们决定调研一下印度尼西亚农民的实际生活状况。通过体验乡村生活，我们可以判断他们未来是否需要汽车、需要什么样的汽车。我们一边思考印度尼西亚未来的产品线，一边践行TOYOTA WAY"现地现物"的精神，这真是一个不可多得的机会。

由于我的大致目标是轻卡类的产品，因此我根据各种农产品（大米、蔬菜、烟草、水果、棕榈等）的产地选择了目的地。这是因为我觉得农产品的类型不同，用户对货厢的载重量可能会有不同的需求。在日本盛产苹果的青森县，苹果箱的尺寸与轻卡货厢的尺寸就密切相关。我们的团队计划一共进行32次现场调研，分别拜访爪哇岛的四座村庄和苏门答腊岛的五座村庄，总共住五晚，其中两晚住在爪哇岛、三晚住在苏门答腊岛。我决定自己也要在爪哇岛和苏门答腊岛各住一晚。

在爪哇岛，我们来到了距离东部城市泗水约两小时车程、一个叫作沙蓬的村庄。这是一个宁静的小村庄，恬静的田园中约有30户人家。

我们走访了6户人家，询问了他们目前的居住状况和未来的生活规划，并在其中一户人家借宿。伊斯兰教教徒每天需要进行五次礼拜，这让我感到惊讶。我们住的房子旁边有一个做礼拜的会场，值班的人会通过扩音器高声念诵经文，清晨的祈祷声就像闹钟一样。当地通电了，但人们还是用土灶或煤气灶做饭。他们从水井中打水，饮用水是装在一个密封的塑料杯里的，他们喝水的时候将吸管插入杯子里。

我们要求吃饭不搞特殊化，和当地人一起吃他们平常吃的东西，包括米饭、土豆、炸豆腐等。我借宿的屋子的房主以养殖鲇鱼为副业。当我说想尝尝鲇鱼时，他立刻就抓来鲇鱼做给我们吃。他们做出来的鲇鱼味道比较清淡。在当地吃饭时，如果我稍不小心，盘子里的食物很快就会被苍蝇覆盖。一开始，这让我感到不太适应，但我很快就习惯了。

在出发前，我就被警告不要被蚊子叮咬，因为蚊子会携带并传播传染病的病原体。因此，即使当时天气炎热，我也只能穿长袖的衣服。尽管很小心，但我还是被蚊子叮咬了几次，幸好我没有感染传染病。晚上，房屋的玻璃窗上爬满了壁虎。我住的房子里的家用电器只有电灯。因此，我们也度过了一段没有电视和电子产品的安静时光。当地消暑的方式只有冲凉，我经常在早上和下午、出门归来、饭前和睡觉前频繁地用水冲凉。

因为当地卫生条件一般，我尽量憋着不去大解，但当我终于忍耐不住的时候，也只能对自己的极限发起挑战了。当地的人是不使用卫生纸的。在大解之后，我要用小桶从旁边的大水槽里打水，把水从屁股上面缓缓地浇下来，再用手清洗干净。我按照当地人的指导，有样学样。

当我走出借宿的屋子时，邻居会聚集在我身边。当我把相机对准他们时，他们每个人看起来都很高兴。当地孩子们无忧无虑的笑容尤其让我印象深刻。我感觉自己就像是电视台热门旅游纪实节目的记者。那里的风貌很像20世纪50年代日本的乡村。

我借宿的屋子隔壁有一家杂货店，售卖肥皂、洗涤剂、糖果等商品。杂货店前面的路边，有人售卖摩托车用的汽油。此外，还有小贩过来兜售豆腐等食物。他说自己每个月都会去镇上的集市进几次货。我们还帮忙干了一些农活，比如给稻田施肥等。在当地，将肥料运到田里、施肥都是由人工完成的。

调研结果显示，当地农民对未来生活的规划首先是扩大田地，其次是改建住房和改善孩子的教育条件，最后才是购买汽车。在农作物收获后，有中介机构来收购，不需要农民自己运输农作物。对于很多农民来说，买车并不是头等大事。当地农民收入差距较大，买车是大多数农民难以企及的梦想。我们通过调研还发现，那些买得起车的少数农民主要想买两类车：一类是可以用来扩大生产业务的皮卡，另一类是可以提高家庭生活水平的乘用车。

虽然此次调研没能直接关联到实际的开发业务，但在印度尼西亚农村的经历让我再一次认识到通过"实地考察、接触实物、与当地人交谈"来思考产品企划的重要性。

原则16：CE应永远怀着感恩的心，铭记所有支持过自己的人

CE时刻不能忘记考虑他人的感受，这包括技术部门的人员、公司内部的人员、供应商、经销商以及自己的家人等。

无论CE自己多么优秀，单靠CE一人也无法创造出新产品。CE要感谢参与产品企划的团队成员，也要感谢自己所在部门的上级、下属和其他同事，还要感谢设计、试制和评价、采购、会计、工厂、生产技术、质量保证和服务等部门的公司内部相关人员。此外，对于供应商、经销商和广告公司、记者、大学教授以及其他给自己提供过帮助的相关领域人士，CE都应该感谢。没有他们，一切目标都是不可能实现的。当然，当我怠慢了家庭时，我的妻子和孩子仍然无私地支持我。对于他们，我唯有感恩而已。

如上所述，CE的工作很多，也非常辛苦。但将这些工作都安排妥当的人是CE的秘书。安排与公司内部各部门人员、外部客人分秒必争的会议，国内外出差的票务和住宿安排等，所有这些事务调整都非常困难。产品企划团队会有一名女性员工，在负责总务工作的同时兼任CE的秘书。她要读懂我的行为方式和行动模式，先知先觉为我安排好一切。我的妻子常说："你的工作能够顺利完成，都是托你秘书的福。"此言不虚。在这里，我要再次感谢支持过我的秘书们。

2018年12月，我曾自费出版了一本书《我的简历》。在这本书出版后，我邮寄了一本给在开发第八代CAMRY时期担任CE秘书的马上宽子。我事后得知，她刚拿到邮包还没拆开，一看到发件人姓名，就猜到我给她寄了《我的简历》这本书。可见，她对我的行为方式是完全具有预见性的。

原则17：CE要在平时培养能24小时战斗的体力、毅力

CE应严格避免暴饮暴食，尝试节食并增强体力。

"你能一天战斗24小时吗？"在30多年前，能量饮料Regain（恢复）的广告词成为当时日本的流行语。当然，这并不意味着我们要不吃饭、不去卫生间、不睡觉，24小时连续工作。但CAMRY、COROLLA等全球战略车型的CE确实必须前往世界各地参加生产基地的会议、经销商大会和各种发布会，日程安排非常紧凑。即使在旅途中，CE也要准备资料、撰写演讲稿。在入住酒店后，CE要马上打开电脑查看电子邮件、处理各种意外情况，连躺在床上倒时差的时间都没有。

从这个意义上来说，CE必须拥有一天战斗24小时的体力。我还经历过几次"环游世界"的商务旅行，先从日本飞往美国，然后前往欧洲，最后返回日本。我还有一次从处于隆冬的阿拉斯加飞到正值盛夏的澳大利亚的出差经历，至今记忆犹新。这感觉就像是经历了对人体冷热耐受能力的实验。我也曾经从美国飞回日本，在到达成田国际机场后马上转机飞去泰国。由于CE要与经销商、记者、供应商和大学教授等社会各界人士打交道，因此控制体重也是一个重要课题。此外，在重大的节点会议前，CE需要反复推敲开发提案资料、准备答疑问题和路演彩排等，"开夜车"更是家常便饭。

得益于从学生时代起就坚持锻炼打网球，我对自己的体力充满

信心，认为自己能够完成这份艰辛的工作。

什么样的人可以成为CE？

在我出席讲座等活动时，我最常被问到的问题是：要成为丰田的CE，需要什么样的资质？这个问题的答案很难用一句话解释清楚，但我认为CE通常应当具备以下四个方面的特质。

第一，CE会发自内心地喜欢自己开发的产品。

第二，CE应当精通多个领域的专业知识，且具备在短时间内拓展实现目标需要的新知识的能力，还需要拥有调动各领域专家团队所必需的逻辑思维和沟通能力。

第三，对于商品价值及其实现要素，CE要拥有与专家同等或更高水平的知识。具体来说，人文领域的知识包括社会和用户趋势、法律及法规等；管理领域的知识包括利润、成本的相关知识等；与艺术相关的领域的知识包括造型、质感和情绪价值等；自然科学和工学领域的知识包括产品使用环境及条件、实现它们需要的专业技术知识。

第四，CE要具备较好的语言表达能力（清晰沟通的能力）、领导力和人际交往能力。

当我担任世界战略车型CAMRY的CE时，我在办公室中张贴了以下行为准则。

1. 积极、大胆地迎接新的困难和挑战。

·勇为先锋的愿望；

·大胆开拓且不惧失败的气概；

·给予用户难忘的感动是一切想法的出发点。

2. 发挥"Z团队"的强大领导力。

·凝聚专家及相关人员的智慧；

·了解事物的本质和"核心"；

·从更广泛、更高的角度着眼，立即做出决策。

3. 争做被公司内外都信赖的"Z团队"。

·对项目内容和开发方针进行简明扼要的说明；

·公平公开，信守承诺，严格按照约定的时间和期限完成工作；

·认真制作会议纪要和"留痕"文件。

我向整个产品企划团队宣讲这些准则并监督大家一起贯彻执行。

CE和主查的培养方法

丰田的CE和主查是有着悠久历史和传统的职位，发挥了极为重要的作用。然而，培养CE和主查却是一项需要"精心栽培"的工作。事实上，丰田并没有专门针对CE的培训，基本上都是OJT[①]。在我被调到大发任职后，我听说"丰田为了从长远的角度

---

① OJT是On the Job Training（在职培训）的首字母组合，是指在工作现场，上司和技能娴熟的老员工对下属、普通员工和新员工通过日常的工作传授必要的知识、技能、工作方法等的培训。——编者注

考虑培养CE，有目的性地培训新员工学习车辆企划知识、练习绘制1：5模型的总布置图"。不过，我后来没再听说有什么新进展。

从一般流程来说，各个部门的工程师（也有少数造型设计师）会被调到产品企划部门，接受OJT，一步步成为主查和CE。工程师被调到产品企划部门任职的时间不是固定的，有人是在担任系长时被调到产品企划部的，有人是在担任课长时被调到产品企划部的。

我是在升任次长时被调到了产品企划部门的。到了产品企划部后，我马上被要求担任主查。一般来说，在成为主查之前，工程师必须通过在前辈身边见习的工作方式来了解产品企划的工作内容，在有了一定经验后才能担此重任。但我完全没有这方面的经验。我的职业生涯中有15年的车身设计、5年的技术企划和技术管理的经历。虽然我自认为已经积累了较为广泛的业务经验，但我的内心还是充满了焦虑和不安。

1996年1月，当我突然被任命为RAUM的主查时，我的上司都筑功跟我谈话，我感觉自己在黑暗中找到了一线曙光。他表述的要点如下。

·没有一个CE是对汽车的每一个领域都精通的，也就是说没有万能的CE。因此，你要做的就是以你擅长的一个领域为基础开展工作。为了可以和其他领域的专家进行对等交流，你每次遇到问题时努力学习相关的知识即可（因此，就算出现不懂的事情，你也不必太过担心，因为这是正常现象）。

·如果设计或评价部门的人员来找你讨论工作推进的方向，你要当场迅速做出决定并给予他们支持。如果你因为没有足够的资料支撑而把话题搁置的话，那你就不是一个合格的CE。当面对问题的时候，你要当机立断，万一事后发现有不足之处，及时改正就好了。

·要能够辨别事物的本质，即能够洞察事物之所以如此的背景和原因，并能够以通俗易懂的方式向他人进行解释。

·要严格遵守承诺和日程。

在被调到大发后，为了让新员工系统地学习汽车的相关知识，我创办了培训中心。该培训计划从"行驶、转弯和停车的基础知识""40年前的汽车到最新车型的演变"开始，最后以"组装单人座前驱车，并在测试场上驾驶它"结束。这项培训计划的目标受众不仅包括新员工，还包括需要学习更多产品知识的销售部门的中层员工和文职员工。我一边暗自想着培养未来CE的事，一边想"如果是自己想接受什么样的培训"，开始构想培训的课程表（详见第三章"原则10：CE可以利用专家协助自己，弥补自己专业知识的不足之处，但永远不应怠于学习"中的相关内容）。

在丰田被任命为CE的人，工作背景基本都是工程师和设计师，没有文职员工。CE大多来自车身设计部、底盘设计部、发动机设计部、评价部门、造型部门，有个别CE来自生产技术部门。在组建产品企划团队时，丰田会考虑成员的工作背景。例如CE或主查有车身设计背景，那么丰田就会安排有其他工作背景的人担任主查助理。这样充分考虑团队中成员的技术背景，可以使团队的技术能力均衡。

尽管丰田的人力资源部建议员工尽可能积极轮岗，但实际上各个部门的管理者都不愿意放走有才华的年轻人。因此，尽管工程师可以自己申请调到产品企划部门工作，但这并非易事。

在丰田公司，在技术岗位工作的新员工最向往的职位就是CE，但随着他们在公司内积累经验并了解到CE工作的艰辛程度，憧憬CE职位的人数会逐渐减少。这真是一件很令人遗憾的事情。

第四章

支持CE体系的丰田体制

单凭CE一人的努力，是开发不出一款既畅销又盈利的产品的。丰田拥有支持CE并辅佐其实现目标的体制。换言之，并不是由一位拥有CE头衔的人主持开发工作，就能开发出"爆款产品"。孕育出"爆款产品"的是支持CE的强大的丰田体制，以及与之相匹配的企业文化。

我将支持CE体系的丰田体制分为10个部分进行简要说明。

体制1：成本企划

丰田支持CE的各种体制中最重要的就是成本企划。丰田采用了与其他公司不同的体制和方法，其特色主要包括以下三点。

第一，在丰田，与财务有关的工作由两个部门负责：一是负责按照法律规定记录资金往来、核算利润等企业会计业务的财务会计部门；二是负责成本控制的管理会计部门。

法律没有强制要求企业单独设立管理会计部门。"管理会计"的目标是降低成本、创造利润。管理会计部门按产品（车型）确定成本，并创建对于降低成本至关重要的数据库。具体来说，管理会计部门以到达生产线的时间点来计算，将每个零件的成本分解为材料成本、加工成本、模具成本（用设定的成本企划销售台数分摊到每个零件的模具成本），结合产量、不合格率、开工率、设备和模具尺寸进行全盘考虑。不仅是单个零件的成本，由多个零件组成的部件的成本也适用此方法。最后，再将组装的成本添加进来。丰田的每位设计人员之所以能自发地将降低成本融入自己的工作中，是因为"按产品计算的成本"是公开的。

丰田还会开展系统性的成本对标活动。当其他公司发布了一款新车时，丰田至少会购买两辆。一辆车用于各种测试评价；另一辆车会被拆解，以用于研究其使用的零件情况、制造工艺和方法、所用材料，以及性能、成本等，然后将其与目前正在开发的车型的零件进行比较。如果丰田通过研究发现自己的某个零件在某方面不如其他公司使用的零件，就会开始考虑如何扭转这个局面。

因为丰田员工每天都在接受计算每种产品成本的训练，所以能够估算其他公司零部件的成本，这是丰田的独特优势。这些"拆解活动"不仅在技术部门进行，采购、生产技术等部门也广泛开展类似活动。

第二，丰田的降低成本工作是从企划阶段就开始的。降低成本活动分以下三个阶段进行：

（1）企划与设计阶段；

（2）生产准备阶段；

（3）量产阶段。

丰田常用的降低成本手法"消除浪费"为世人所熟知，被泛指为降低成本。但这只是在量产阶段采用的方法。实际上，与付出的努力相比，"消除浪费"降低成本的效果微乎其微。这是因为大部分成本在企划与设计阶段和生产准备阶段都已经确定了。丰田尤其注重在企划与设计阶段尽最大努力降低成本，甚至认为产品的"利润（几乎）完全由企划与设计阶段决定"，丰田对CE降低成本的举措寄予厚望。

第三，丰田从"售价-利润=成本"这个公式出发，推算出目标成本。当CE就任时，本着与竞争车型相比尽可能便宜一些的方针，同时综合考虑车身类别、尺寸、发动机排量等情况，销售部门会向开发部门提出车辆的建议销售价格。CE根据建议销售价格分解一辆车的各项成本。

每个车型都有自己的利润指引，它显示了根据公司整体利润计划每个车型分摊的利润额。因此，CE可以轻松地了解到该车型需要赚取多少利润。

CE可以从"售价-利润=成本"这个公式中清楚地算出自己要开发的新车型的目标成本。如果目标成本能够实现，且销售数量超过计划数量，那么就可以实现利润指引给出的目标。

整车的目标成本被分解为若干部分，例如车身、底盘、发动机、驱动系统、电子系统、内部加工费，如成本企划图所示。然后，车身的目标成本再被分解，最终得出每个零件各自的目标成本。

　　将上述的初步数据进行整理，就形成了产品企划车辆的预测成本。如果预测成本与目标成本存在偏差，那偏差值就是CE"需要降低的成本"。CE要在车辆上线之前，将该偏差值减小到零或负值，即低于目标成本。

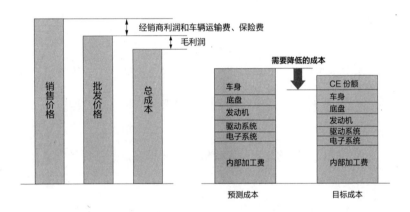

成本企划图

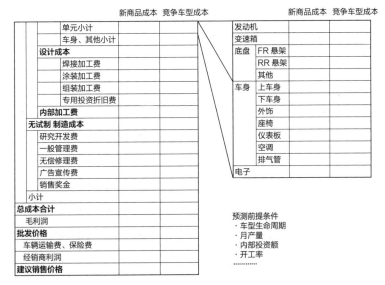

		新商品成本	竞争车型成本			新商品成本	竞争车型成本
	单元小计			发动机			
	车身、其他小计			变速箱			
设计成本				底盘	FR 悬架		
	焊接加工费				RR 悬架		
	涂装加工费				其他		
	组装加工费			车身	上车身		
	专用投资折旧费				下车身		
内部加工费					外饰		
无试制 制造成本					座椅		
	研究开发费				仪表板		
	一般管理费				空调		
	无偿修理费				排气管		
	广告宣传费			电子			
	销售奖金						
	小计						
总成本合计							
	毛利润						
批发价格							
	车辆运输费、保险费						
	经销商利润						
建议销售价格							

预测前提条件
· 车型生命周期
· 月产量
· 内部投资额
· 开工率
· ……

根据建议销售价格分解一辆车的各项成本

　　为此，五个主要设计部门在产品开发的初期阶段就要对目标成本有清晰的认识。当然，丰田也会以部门为单位、以科室为单位、以零件为单位，从各个维度设法达到目标成本。

　　为了将预测成本与目标成本的偏差值减小为零，相关人员都拼命地开展降低成本的活动，CE 也以多种方式参与这项活动。在理想情况下，这应该在正式图纸发布之前完成。但在大多数情况下，降低成本活动的目标在图纸发布前几乎无法实现，降低成本活动会一直持续到上线前夕。还有极少数情况，车型在量产开始后还在持续进行降低成本活动。

不只是设计人员会参加"零件降低成本研讨会""与其他车型成本对比研讨会",丰田的高层管理者及会计、采购、生产技术等相关部门的人员均会参会,大家为达到目标成本集思广益。花费近一周时间对设计好的全部零件进行评审的情况也并不罕见。

体制2:问题解决

在丰田,无论是新员工还是管理岗位人员,无论是文职员工、工程师还是生产现场的工作人员,都要反复接受从理论到实践的问题解决方法的培训。以下是QC(Quality Control,质量控制)教科书中肯定会出现的8步问题解决方法。

第1步:明确问题。

第2步:了解现状。

第3步:设定目标。

第4步:洞察真因。

第5步:制定对策。

第6步:实施对策。

第7步:确认效果。

第8步:巩固成果。

第1步是发现问题。在QC讲师或上司面前试图蒙混过关,说"我这里没有什么问题"这样的话是没有意义的。讲师会指出："没有问题，恰恰是最大的问题！"丰田的员工一直被教导"问题就是偏离了某项标准的情况"。我们眼前已经可见的问题是发生型问题。眼前还不是问题的情况，但如果未来的衡量标准发生了改变，那就会出现偏差，这就是设定型问题。

另外，丰田使用的追寻问题"真正原因"的方法在丰田外部也广为人知。这就是所谓的"五次追问为什么"（5Why法），而且我们遵循"将追究真因作为自己的事来关心"的原则。下面的例子是我在外部做讲座时经常使用的一个易于理解的例子。

问题：年轻销售人员的业绩不佳。

·第一个为什么：为什么年轻销售人员的业绩不佳？

因为年轻销售人员无法获得新客户。

·第二个为什么：为什么年轻销售人员无法获得新客户？

因为即使年轻销售人员去拜访客户，也不能推进到进行商务谈判的阶段。

·第三个为什么：为什么年轻销售人员不能推进到进行商务谈判的阶段？

因为年轻销售人员没有进行第二次跟踪访问。

很多人倾向于认为"年轻销售人员的业绩不佳"的真因是"没有进行第二次跟踪访问"，并将"增加二次跟踪访问"作为对策实施。然而，增加"第二次跟踪访问"并不能提高年轻销售人员的业绩。换句话说,"没有进行第二次跟踪访问"并不是"年轻销售人员的业绩不佳"的真因。那么,如果再问"第四个为什么""第五个为什么",会发生什么呢?

·第四个为什么:为什么年轻销售人员没有进行第二次跟踪访问?

因为年轻销售人员无法很好地向客户说明产品。

·第五个为什么:为什么年轻销售人员无法很好地向客户说明产品?

因为年轻销售人员缺乏产品知识。

如果"年轻销售人员的业绩不佳"的真因是"年轻销售人员缺乏产品知识",那么采取措施帮助年轻销售人员学习产品知识,提高他们说明产品的能力,就能帮助他们顺利推进到进行商务谈判的阶段。只有不断深入思考,我们才会找到"年轻销售人员的业绩不佳"的真因。当然,并不是所有问题都一定要照本宣科地"五次追问为什么"。

关于"第8步:巩固成果",丰田已经将任何人都可以取得相同结果的"成功流程"标准化了。

对我来说最难忘的一次问题解决方法培训,是在我晋升为系长之前参加的中层员工"特训课程"。这次培训的最后一个课题就是"问题解决方法"。除了日常工作之外,我们还要历时半年左右撰写多页、四个课题(①经营环境、②组织运营、③领导力、④问题解决）的研究报告。除撰写报告外，我们还要将其中的两份报告总结在"一页A3纸"上。

在每次提交研究报告的截止日期前，我都会通宵达旦。当时没有文字处理器或电脑，因此在誊写正式稿前打草稿是很正常的。在誊写正式稿时，我还准备了2B铅笔，用来加粗想要强调的文字。我总是在黎明时分才赶完稿，然后揉揉眼睛，简单收拾一下就直接去上班。现在想起来，那真是一段很令人怀念的经历。我的"问题解决"研究报告的主题是《Supra改款开发中缺陷的早期发现及早期对策》，中心思想是"如何快速发现项目中的诸多问题并及时采取对策"。

丰田所有员工都接受过这种问题解决方法的全面培训。即使问题解决后，丰田的员工通常也会继续进行改善以实现更高的目标。这种企业文化为CE体系提供了强大的支撑。

体制3：传达方法

虽然如今在丰田内部已经很难再看到手写资料了，但用一页A3、A4纸制作资料进行沟通的"传达"精神，仍在整个丰田得到了传承。将各种信息总结在一页A3纸上的训练，从新员工入职丰田时就开始了。

在丰田，"传达"的本质是"促使事物行动起来"。丰田人认为"传达"不是"目的"，而是促使事物行动起来的"手段"。

　　我结合亲身经历，总结了"传达"的8个重点。

　　（1）为了清楚地进行传达，要简单地总结论点并先陈述结论。我们要给自己想要传达的内容起一个标题，将想要传达的内容概括为三个部分。

　　（2）将必要的信息总结在"一页纸"上。在丰田，将重要的信息总结在"一页 A3 或 A4纸"上是一条不成文的规定。尽管现在已经流行使用PPT汇报工作了，但这个传统仍被沿用。于是，不管性格如何，丰田的员工自然而然地养成了以简练的文字写资料的习惯，进而营造了一种提倡精益思维的氛围。

　　（3）通过"可视化"将内容传递到对方心里。除了"图表展示""张贴上墙"等一般意义上的"可视化"之外，丰田员工还注重"亲身演示""用态度体现"等实践意义上的"可视化"。

　　（4）"如何实施"也要一并传达。在传达信息后，对方通常会告知我们他"明白了"。但我们不能就此止步，要跟进确认对方此后是否真的落实了相应的要求。当然，在传达信息时，我们不仅要注意"让对方理解""让对方同意"，还要有意识地引导"让对方采取行动"。因此，不要以"请以后多注意"或"请加油干"作为结论，而是向对方提出"具体以何种方法加油干"的建议。

（5）传达"失败是有价值的"。我们要从失败中吸取教训，将失败视为下一次取得成功的基础。在丰田，员工被要求必须撰写报告汇报自己的失败经验并"传达"给其他人。丰田的员工要反复问五次（或以上）为什么会失败并发现失败的真因，然后总结出"如何才能避免重复出现相同的错误"的结论，并形成书面材料。

（6）坏消息也要"可视化"。一个好上司永远不会责骂汇报了"坏消息"的下属，甚至还会说"谢谢"。为了做出正确的决定，拥有"Bad news first"（先说坏消息）的心态很重要。在丰田的各种"可视化"管理中，当出现异常或问题后立即让每个人都可以看到问题所在的"可视化"可谓独树一帜。这也培育出了丰田将"坏消息"视为改进契机的企业文化。

（7）就算惹人厌烦也要坚持说出自己的想法。当我们无法很好地表达自己的观点或想法时，不要责怪别人，而要尝试从自己的身上寻找原因。领导者应当反复用通俗易懂的语言进行解释，并保持良好的沟通氛围，让每个团队成员都能发挥作用，向着同一个目标努力。在丰田，有"即使自己的想法被上司拒绝了一次，也要通过第二次、第三次改变方法或改变内容来继续推动自己想法落地"的传统。

（8）必须编写会议纪要。为确保会议决策清晰准确且避免产生误解，我们一定要将会议决策书面化，编写会议纪要。待办事项

（谁、做什么、怎么做、什么时候做）要明确记录，以便日后跟
进。这种习惯早已在丰田根深蒂固。另外，我严禁书记员直接下发
会议纪要，一定要经其上级确认后再下发。这是因为有时由于书记
员的文字驾驭能力不足，无法准确传达会议的结论。重要会议和重
大项目的会议纪要，我都会亲自确认并签字。

最后，我总结一下"一页A3纸[①]"的三个优点。

第一，内容紧扣项目主题，在有限的篇幅内通过精练的文字、
数字和起承转合等技巧进行简洁描述。因此，读者只需几十秒即可
概览内容全貌，提高了工作效率。

第二，一个人被允许的说明时间是有限的；系统框架内可以说
明的信息量是有限的；听众的接受能力是有限的，而"一页A3纸"
承载的信息是较为恰当的。

第三，A3纸对折后可以归档到A4文件夹内。

体制4：培训体系

丰田被称为"舍得在员工培训上投入大量资金和时间"的公
司。通过参加培训，我自己也受益良多。

丰田的"分级培训"体系包括新员工培训、晋升前后培训、管

---

① 如果读者想了解更多关于丰田"一页A3纸"的内容，可以参考《丰田一页纸极简思考
法》。——编者注

理岗位培训。

"专业培训"包括 TOYOTA WAY、问题解决方法、统计学在品质管理中的应用、根据各部门特点的专业培训（例如车身设计部门会组织计算机绘图培训等）、造型设计师培训、与汽车工程学层面的各系统及零件相关的培训、BOM（物料清单）管理系统的培训。

作为汽车制造商，丰田为员工提供"驾驶培训"可谓合情合理。丰田员工可以通过"驾驶培训"取得中级驾驶执照、高级驾驶执照。想要取得高级驾驶执照，受训者需要在东富士测试场接受历时约两个月、全面训练高级驾驶技能以及车辆性能评价技能的培训，据说这项培训的费用很高。

丰田提供的"语言培训"包括英语会话、英语以外的语言培训、短期留学、海外岗前培训等。丰田还为被派往国内外相关公司的短期任职员工提供"派驻培训"。

此外，有赖于经营企划部、技术管理部、市场研究会、丰田技术学会等部门精心筹划，丰田还会经常邀请公司内外的专家开展"专家讲座"。我通过"专家讲座"增长了许多见识。当我还是新员工时，我有幸聆听了被称为"丰田生产方式之父"的丰田时任副社长大野耐一的演讲。"即使事情进展顺利，我们也必须复盘'为什么会进展顺利'，这是非常关键的。只有想明白了这一点，我们才能真正理解'怎么做才是最优解'。"他说，"'科学性'并不是指掌握了更多知识，而是指思考'为什么'的探究精神。人类的进步得益于产生'疑问'的那一瞬间。"时隔多年，我对大野耐一的话记忆犹新。

体制5：日程管理

第三章中的"原则13：CE应认为开发进度的延迟是最大的耻辱"中提到，日程的进度管理是最考验CE管理能力的地方。但除了CE之外，丰田还有一个专门的部门负责日程管理，也就是负责具体的项目进度管理。

在生产管理部门内有一个"新车推进管理部"，这个部门的名字稍微有些奇怪。这个部门主要管理从生产准备阶段往后的工作进度，根据从产品开发部门收到的信息和图纸安排设计模具与生产设备的相关工作。如果车型项目涉及新工厂的话，他们会对新工厂建设的进度进行管理。他们还会同采购部门一起跟进并应对供应商方面存在的各种问题。事实上，为了按期开始生产准备工作，图纸和设计变更单必须按时下发。因此，产品开发部门的进度往往也会受到该部门的严格管理。

这些部门的存在固然很重要，但所有员工都有坚守承诺、无论如何都要遵守既定日程的心态，能渗透到公司的每个角落才是最重要的。被视为瓶颈的部门努力弥补进度上的延误也是关键。我们都拼尽全力来避免自己所在的部门成为造成进度被推迟的部门。这或许就是很多新产品项目得以如期推出的真正原因。我认为，交付日期多次被推迟并最终宣告研发失败的三菱支线客机，如果采用丰田的进度管理方式，那就不会是这种结局了。

体制6：造型

毋庸置疑，造型对于产品是否畅销有着巨大的影响。丰田拥有许多才华横溢的造型设计师。丰田不仅在日本设有研发基地，在美国、欧洲等地也设有研发基地。通常，构想新车概念是CE的工作，但有时造型设计师会给予CE极大支持。在开发pod的时候，我就得到了很多帮助。

在我看来，能够将语言用具体的形状来表达的造型设计师真的非常有才华。除了优秀的造型设计师之外，丰田还有一群熟练制作油泥模型的模型师。他们制作的模型可以达到极为逼真的效果。与本田和日产相比，他们所在的部门人数没有那么多，但他们永不放弃、接受创新挑战的意愿是不输给任何人的。除了单纯的造型之外，他们对流行的Design Thinking（设计思维）也有深入研究。

体制7：品质改善与以用户为导向

我相信，丰田汽车的良好声誉是以整个丰田集团对品质不懈地改进以及彻底"以用户为导向"的方针为支撑的。

比起看得见的品质，更重要的是耐久品质。也就是说，丰田的产品开发体系支撑着丰田能制造出几乎开不坏的车、不怎么需要售后服务的车。这是从丰田自产自销时代传承下来的体系。

丰田与通用汽车、福特的不同之处，也体现在销售系统上。在美国，通用汽车下面只有直销店，没有总代理店。因此，通用汽车必须与成千上万的销售店直接接触。也就是说，销售店几乎不会抱怨通用汽车。

但是，丰田在各地都有大型经销商，他们有各种各样故障现象的一手资料。另外，如果发现其他公司的车很好，他们就会提出自己的想法："是不是因为这样做了，所以那款车才这么好？"例如在由丰田汽车北美公司在美国召开的服务会议上，经销商们会提出各种改善市场缺陷和增加新规格的要求。因为销售商也是客户，所以作为开发方，我们不得不承诺"我们会努力改进""我们会开发新的规格"。通过这种机制的有效运作，我们成功地提高了产品的品质，也细致入微地满足了用户的需求。

体制8：合作企业

新产品的开发离不开零部件供应商的配合。我相信，丰田能有今天的成长和发展得益于众多与丰田休戚与共的合作企业。

当我还是新员工时，我就得到了很多来自合作企业员工的教导和帮助。在我成为CE后，在新技术和新设备的提案、降低一两日元的成本、减少一两克的重量、缩小一两毫米的尺寸、在紧迫的时间内应对设计变更以及应对增产等场合，他们也曾无数次默默给我提供支持。

体制9：生产技术

将技术部门设计的图纸转化为实际零件，最终造出汽车的队伍是生产技术部门。冲压、焊接、涂装、组装、树脂成型、铸造、锻造、机械加工、机械组装……生产技术的世界是非常深奥的。每个工序都体现着丰田生产方式的精髓：按订单顺序，只生产能够销售掉的产品数量。

没有他们，即使产品企划团队能够企划、设计出好产品，也无法将其付诸现实。在产品开发过程中，技术部门和生产技术部门会进行多次磋商，调整工作目标的一致性。

我想以冲压模具为例说明他们的精湛技术。即使模具是按照模具图纸制作的，冲压出来的零件也不会完全符合设计图纸的要求。这是因为在冲压完成后，零件被从模具中取出时，其形状会发生轻微改变，这被称为"回弹"。零件的形状还取决于冲压条件和铁板的材质。此外，零件还可能会出现褶皱和裂纹。因此，在实际制作模具时，工程师要预判零件的变化量，对模具进行微小调整。这种能力是工程师多年生产技术经验和专业知识的结晶。

体制10：技术人员团队

在最后，我就要提到丰田在各个领域拥有的众多才华横溢的工程师了。这些工程师的专业领域包括车身、底盘、发动机、驱动系统、电子系统、材料……他们孜孜不倦地工作，都力争在各自的专业领域成为世界上最优秀的工程师，努力打造"世界最好的发动机""世界最佳的驾驶性能""世界最高的安全性"……

这不仅适用于新技术开发，还适用于降低成本、减轻重量和提高质量。他们是一群值得信赖的工程师，时刻努力应对CE提出的"不可能完成的挑战"，并让产品企划团队企划的新产品生产出来，成为热门产品。

导入CE体系失败的经历

在本章的最后，我想介绍一个案例。这个案例说明：单单任命一个CE并建立一个CE体系是不能造出好产品的。如果没有强大的体制支持，CE体系就无法顺利推进。

若干年前，一家中国电动汽车初创公司邀请我就丰田CE体系的导入提供咨询。该公司的高层管理人员想要一个能够"可以不断产出'爆款产品'并可持续盈利"的开发体系。他们似乎是把CE体系误解为只要许愿就能给自己带来"爆款产品"的"阿拉丁神灯"。

如上所述，无论CE多么优秀，都需要有与之相匹配的包括产品企划、造型、开发、生产技术、工厂、品质保证、销售等企业内部的相关部门以及供应商、经销商等企业的合作伙伴各司其职，相互配合的企业文化做支撑。否则，汽车企业不仅不能开发出"爆款产品"、盈利产品，就连最基本的造车业务也无法成形。

我当时提供咨询服务的公司，在没有任何制造经验的情况下，贸然以制造和销售电动汽车为目标。为了大规模生产和销售汽车，在CE体系发挥作用之前，汽车企业先要建立起各种基础体系，并使其发挥作用。这包括：企划和开发"爆款产品"的体系，可以生产大量、廉价、标准化产品的体系，销售和服务体系，确保可以盈利的成本企划体系，可以随叫随到的零件供应商体系，在丰田司空见惯的"自工程完结"体系，全员培训体系等。在完全不具备条件的情况下只谈"结果"，这是非常糟糕的。

在开始提供咨询服务一段时间后，我就已经清楚了解到了问题的严重性。因此，我强烈建议这家公司先将自身打造成一家合格的汽车制造、销售公司，然后再导入CE体系。但这家公司的管理层对于我的建议置若罔闻。虽然这家公司建成了一座壮观的工厂，但我后来并没有听说他们的生产工作步入正轨。

通过这个案例，我再一次清楚地意识到，单靠CE个人是无法取得成功的。只有拥有各种支持体制和尊重CE的企业文化，CE体系才能发挥应有的作用。

第五章

CE的书单

　　日本立命馆亚洲太平洋大学原校长出口治明曾写道："人能够从三个途径获得知识：人、旅行和书。"我完全赞同他的观点，也从书中学到了很多知识。

　　我想在此介绍一些对CE的工作有参考价值的书籍。我在前半部分列举了我担任CE时给我提供了很多帮助的书，在后半部分列举了希望后辈CE读的书。我在最后介绍一下长谷川龙雄的"主查10条"、和田明广的"CE的10条规则"。

在丰田工作时期（1976—2005年）

　　《系统工程学》，近藤次郎著，丸善出版[①]，1970年

　　我就读于名古屋大学工学部应用物理系，航空系在应用物理系旁边。有一天，我得知东京大学的近藤次郎教授要来航空系做专题讲座，就偷偷地溜进去听讲座。当时，阿波罗 11 号成功登月成为

[①]　作者在此部分介绍的图书，书名多为日文书名翻译，有中文版图书的则使用中文版书名，便于读者查阅资料；出版者名称均为日文版出版社（含书系、系列）的译名。——编者注

人们关注的焦点，这也被认为是系统工程学的巨大成功。当听到近藤次郎教授关于系统工程学的讲座时，我感到很兴奋。这门学科涵盖了完成一个庞大项目需要的方法和理论。我开始想去更多地了解它，因此我买了《系统工程学》，学习"系统工程学"的知识，梦想有一天自己能领导一个巨大的项目。

《超级整理术》，野口悠纪雄著，中央公论社"中公新书"，1993年

我担任CE时，经常需要整理大量资料。当我想知道如何整理庞杂的资料时，我发现了《超级整理术》这本令人大开眼界的书。我充分利用《超级整理术》中介绍的方法，整理开发资料、报告和名片。

《说清楚、讲明白的技术》，藤泽晃治著，讲谈社"BlueBacks"（蓝背），1999年

这本书指出了世界上大量"难以理解"的表达方式，例如手册、法律规定、交通标志、不知道自己想说什么的老板、官僚风格的陈词滥调及背后的罪魁祸首。书中介绍了传达易于理解的信息规则。我担任CE时，将其奉为我创建文档资料的基本原则。

《DREAM21》，DREAM21项目组编，丰田汽车公司技术管理部，1994年

1990年，丰田技术部门发起了一项名为FP21（Future Program 21，未来项目21）的活动，旨在"构筑充满魅力的开发体制"和"建立朝气蓬勃的组织、制度"。作为这项工作的一部分，FP21设立了"DREAM21"子项目（该项目由我领导），试图描绘出21世纪的技术部门应有的样子。最初，项目团队共有 30 个人，但一直坚持到最后的包括我在内只有7人。这7 名成员一起编写了此书。

DREAM21项目团队对全球汽车市场进行了预测，结果比丰田企划部门的预测更精准。即使现在重读，我仍然觉得这是一部力作。已故的技术企划部部长汤野川孝夫曾说过一句话："我认为企业存在的价值在于，让包括员工在内的全世界的人过上幸福的生活。但现在的丰田在这一点上还很模糊，因为我希望肩负未来重任的年轻人能对此展开讨论。"正是这句话，成了该项目的起点。

《共同创造无障碍》，光野有次著，岩波书店"岩波Junior（青年）新书"，2005年

光野有次教给了我通用设计和无障碍的区别。毫不夸张地讲，我与他的相遇是通用设计理念得以在丰田扎根的契机。这本书中还介绍了RAUM的试乘体验和开发过程。

《奇想的20世纪》，荒俣宏著，NHK（日本广播协会）出版，2000年

因为工作的要求，我需要预测未来的发展趋势。我当时觉得销

售部门的预测结果并不可靠。在寻找更准确、更有说服力的预测未来的方法论时，我于2000年在一个电视特辑节目中看到了同名的电视节目。节目中以涵盖内容广泛的事例为背景，介绍了在100年前的19世纪末，人们是以怎样的心态迎接20世纪的、如何预测20世纪的社会。汽车、大型百货公司、飞机、世界旅行等发明也相继登场。此书是2000年在NHK《人间讲座》中《巴黎·奇想的20世纪》节目的出版物。

《选车指南》，影山凤著，讲谈社"BlueBacks"书系，1997年

CE有时需要在短时间内对多种车辆进行评估。此书作者在汽车公司工作的时候，发明了在短时间内对车辆进行评价的方法，并以此经验为基础写成了这本书。这是我当上主查后读的第一本书。这本书对刚刚担任主查的人来说非常具有参考价值。

《活生生的丰田佐吉——丰田集团成长的秘密》，每日新闻社主编，每日新闻出版，1971年

我饶有兴趣地通过这本书学习了丰田的历史。书中关于丰田喜一郎立志要开发轿车的部分，无论读多少遍都让人热血沸腾。1950年6月，丰田喜一郎因为劳资纠纷辞去了丰田社长的职务。没过多久，日本经济因为朝鲜战争爆发出现的"朝鲜特需"而出现向好势头。准备复出回到丰田开发轿车的丰田喜一郎却于1952年3月突然去世。我无法想象他会感到多么遗憾。他曾经说："东方人的车应该由

东方人自己制造，这是我的使命。"这句话给我留下了深刻的印象。

《创新的艺术》，汤姆·凯利（Tom Kelly）、乔纳森·利特曼（Jonathan Littman）著，铃木主悦、秀冈尚子译，早川书房，2002年

从这本书中，我了解到"在新商品的企划中，对用户的观察从一开始就很重要"。提到用户调查，人们一般倾向于马上进行问卷调查。但我在书中学到，"用户虽然都想发表一些举足轻重的建议，但常常受限于词汇量不足，无法清楚地说明很多自己还没有意识到的东西"。于是，我改变了用户调查的方针，不再"听"而是执着于现场观察。

《规划力》，斋藤孝著，筑摩书房，2003年

我被作者提出的主张——失败不是因为才华不够或者没有能力，而是因为规划不周全所吸引。这本书展示了各种规划能力的范例，让人受益匪浅。我认为汽车的开发工作需要极强的规划能力。对于向我汇报说结果不理想、"做不到"的部下，我经常引用书中的话，并鼓励他们再次尝试挑战。

《从一个假设开始》，佐佐木正著，新潮社，1995年

佐佐木正在这本书中讲述了"热销商品开发的秘诀"。"创造热销商品的关键是假设，要不断描绘梦想""不要追求眼前的利益，拥有让人们生活得更幸福的愿景是不可缺少的"，这些话成了我作为

CE推进新车企划时的精神支柱。

《杂文抄》，上田良二著，1982年

此书是电子显微镜的世界权威，也是我的恩师，名古屋大学名誉教授上田良二在70岁高龄时出版的著作。我曾反复阅读"基础与末梢、纯正与应用""发条与齿轮""西川先生的论文校订"等内容，给我带来了很大的启发。

《逻辑思维的30个技巧》，野口吉昭著，PHP研究所[①]，2001年

这本书中介绍了让企划书、路演、会议等变得"容易理解"的三种思维方法、三项基本技能和三种工具。

在大发工作时期（2006—2015年）

在调到大发任职之后，为了培养后辈CE，我阅读了很多参考书。令我惊讶的是，市面上竟然有这么多讲解丰田工作方法的书籍。下面，我将这些书推荐给想要学习丰田工作方法的读者。

---

① PHP研究所是松下幸之助于1946年为了实现"通过繁荣创造和平与幸福"（Peace and Happiness through Prosperity）这一愿景而创设的。PHP研究所秉持"通过物质和精神两方面的繁荣，实现和平与幸福"的理念，分别在研究、出版、教育实践三方面开展活动。——编者注

《丰田思考法：丰田的问题解决之道》，日本OJT解决方案股份有限公司著，角川书店，2014年

这本书告诉我们，丰田强大的秘诀在于全体员工解决问题的能力，而这种能力是不分行业和业态、各种企业都必须具备的。我希望不仅商界人士掌握解决问题的能力，政界、学界人士也应掌握。

《丰田成本管理》，堀切俊雄著，神吉出版，2016年

我被作者"利润全在产品企划阶段决定"的说法所吸引。这本书对丰田的成本企划进行了易于理解的解释，对于任何想要了解丰田降低成本方法的人来说，这是一本必读之书。

《丰田的传达方法》，酒井进儿著，幻冬舍文艺复兴[①]，2013年

这本书生动叙述了用传统的纸面思考方式、手法制作的"丰田一页A3纸"的诞生历史、背景和功效。作者曾担任丰田汽车北美公司的CEO。

《丰田的传达方法》，桑原晃弥著，雅飒出版，2016年

作者是丰田的外部顾问，他对丰田的"传达"方式和运用中的实际状况分析得非常精妙，让我非常惊讶。此书以通俗易懂的方式

---

① 幻冬舍文艺复兴为幻冬舍的子出版社。——编者注

总结了丰田的"传达"技巧。

《丰田强大的秘密》，酒井崇男著，讲谈社"现代新书"，2016年

这本书提出：丰田强大的秘密"不在于丰田生产方式，而是丰田式的产品开发"。这一主张吸引了我。这本书将丰田的主查制度以简单易懂的文字介绍给广大读者。作者是我在车身设计部工作时认识的一位前辈的儿子，他是一名咨询师。

《小林一三：日本孕育的伟大管理创新者》，鹿岛茂著，中央公论新社，2018年

这本书告诉我们当下最重要的学习任务"不是学亚马逊，也不是学谷歌，而是要学习东京2020奥运会后对日本社会提出构想的新想法"。这是一本讲述曾涉足阪急电铁、宝冢歌剧团、东宝、阪急百货店、第一酒店、阪急勇士（日本职业棒球队）等事业，通过商业活动真正改变了日本社会的小林一三的人物评论传记，值得一读。我曾经在大阪府池田市生活了一年，就住在小林一三家（现在是逸翁美术馆）附近。阪急池田站附近的区域是日本最早由铁路公司进行宅地转让的地方。

《不要让灵感溜走！梅棹忠夫，如何探索这个世界》，梅棹忠夫著，勉诚出版社，2011年

在大阪的万博纪念公园内，我在民族博物馆的特别展上看到了

各种各样的探险资料，被其细致程度所震惊。我在那里购买了这本书，书中提到 "用自己的眼睛观察，然后拍下照片，再将其整理成文字"。我在做新车企划的市场调查时借鉴梅棹忠夫在田野调查时采用的工作方法，并在做各种各样的市场调查时进行实践。

《大冢正富的热门私塾》，广田章光著，日经商学院编，日本经济新闻社，2018年

这本书以简单易懂的方式介绍了持续产生热门、畅销产品（蟑螂屋、红地球粉底液、果蝇诱捕器等）的开发及营销方法，详细地记录了开发的步骤，阐明了畅销产品是如何诞生的。

《计算器四兄弟》，樫尾幸雄著，中央公论新社，2017年

卡西欧创造了卡西欧迷你计算器、卡西欧G-SHOCK[①]等众多改变世界的新产品。这本书介绍了卡西欧 "创造" 新产品的内幕。本书用生动的故事讲述了卡西欧从街道小厂到世界级企业的成长过程。

《我是久米宏》，久米宏著，世界文化社，2017年

我被作者将普通的新闻节目改为前所未有的 "新闻杂志" 的非凡创意和挑战精神所感动。这本书以轻快的节奏介绍了新闻节目大改革的内幕和秘闻，读起来酣畅淋漓。这本书中描写的内容与为创

---

① 卡西欧G-SHOCK是卡西欧的一款手表，具备抗摔、防水等特点。SHOCK是 "冲击" 的意思，G代表Gravity（重力）。——编者注

造新概念而苦苦求索的担任CE时的自己的经历有很多相似之处。

《虚数的情绪》，吉田武著，东海大学出版社，2000年

我在为设立大发培训中心而奔走的过程中看到了这本书。卷首语的许多句子让我头皮发麻，比如"学习这东西，是无论如何都要历尽辛苦走完的严苛修行""日本人的智力水平在明显下降""对于从事教育事业的人来说，最重要的便是'点燃人们心中的火种'。一旦'心的火种'被点燃了，人们就不会停下脚步。但是怎样才能点燃呢？点火装置在哪里？它藏在'惊奇'中""教育的作用是，当人们第一次明白一件事的时候，要让他们最大限度地'惊奇'并留下深刻印象"等。这本书是一本以虚数为中心、以整体描绘人类文化框架为目标的巨著。在修改大发的培训教材的时候，这本书让我受益匪浅。

《为爱而活》，铃木镇一著，讲谈社"现代新书"，1966年

这是提出了在小提琴界声名赫赫的"铃木教学法"的铃木镇一的作品。我愿意相信艺术的才能不是与生俱来的，并因此认为在商业界，才能也不是与生俱来的。

《宇宙中有生命吗？》，小野雅裕著，软银创意"软银创意新书"，2018年

这本书提到，"阿波罗11号能够登上月球，是因为有了与'常

识'做斗争、想要摆脱'常识'束缚的人们""正因为有了不被'常识'所限的、富有想象力的、展望未来的先驱者，才诞生了汽车、电话、飞机……阿波罗领航计算机等划时代的技术"。我和作者一样，一直坚信想象力非常重要。与其说这是一本介绍技术的书，不如说它是一本介绍想象力的书。

长谷川龙雄的"主查10条"

长谷川龙雄在第二次世界大战后入职丰田汽车，担任了第一代Toyoace（丰田先锋）、第一代Publica（国民轿车）、第一代COROLLA的主查，是我们这些CE的老前辈。作为领导者的必要条件，他制定了"主查10条"。他一生致力于将主查制度落地。

第一条　主查要渴求渊博的知识和长远的见识

在有些工作场合，专业以外的知识、见识是非常重要的。专业知识的局限性其实很强。如果我们能拥有专业知识以外的知识，就能从其他的角度重新审视问题。

第二条　主查应有自己的策略

如果主查只是拿着一页白纸，毫无主见地说"请加油干，请多努力"，那么是不会有人追随的。但主查也不能一开始就说太多，不给对方思考的余地和创新的乐趣，生硬地说

"按我说的做"也不是什么好主意。主查最好能给出一些提示，让大家在不知不觉中跟随主查的脚步前进。

第三条　主查要布下又大又坚实的调查网络

在调查的初期阶段，主查就要决定布下一张什么样的调查网络，这是非常重要的。又大又坚实的调查网络对后续确定方向和规模的工作有着决定性的帮助。

第四条　主查为了得到好的结果，要倾注全知全能

如何将自己的综合能力集中到5 000小时的大型项目中呢？如何分配自己的精力呢？如果主查显露出发自真心的真诚态度，那么其他人自然就会跟着去做。全力以赴！不要一开始就找好逃跑的退路。

第五条　主查不要嫌重复一件事很麻烦

主查每天都应该反省自己正在做的事情、正在思考的事情到底好不好，要向上司反复强调自己的主张。为了让相关人员彻底了解自己的意图，主查至少要反复说明五次。

第六条　主查应对自己有信心

主查不能轻易动摇，至少不能表现在脸色、态度上。在遇到困难的时候，主查要坚信自己一定会想出妙计（但也不

能太顽固）。

第七条　主查不能把责任归咎于他人或找借口

为了取得好的结果，即使为之改变体制，主查也应不遗余力。但是，主查对其他部门没有命令权，只能想办法说服对方。如果主查能掌控说服的技巧，那么就可以发挥很大的作用。主查不能把责任归咎于他人或找借口。

第八条　主查与主查助理必须一条心

主查不是单纯的管理者，"工程技术"不应该有上下之分。主查在本质问题上不能放权，在工作中不要人为制造隔阂。主查可以批评主查助理的"工作方法"，但不能批评其"工作结果"。如果主查想批评主查助理，那么就应该先批评自己。

第九条　主查不得胡乱行事

靠"面子"或"走后门"偷偷摸摸地干、靠"职务、职级"强行解决问题的做法是不会长久的，以后肯定会露出破绽。

第十条　主查必须具备的特性

（1）知识（散布型的）、技术力（推动项目前进的能力）、经验（根据经验的上限和下限，设定当前需要水平的能力）。

（2）洞察力、判断力（可能性的）、决断力。

（3）宽阔的胸襟、度量，这来自经验、实绩（包括好的和坏的）和自信。

（4）不要感情用事，要冷静，要学会自我克制（一生气，你就输了）。

（5）活力和韧性。

（6）专注力。

（7）领导力（团队内），让团队成员朝着自己前进的方向前进。

（8）表现力、说服力，在面对外部人员、上司时尤其重要。关键不在于口头表达，而在于人格魅力。

（9）灵活性，要有多个选项。在紧急情况下，主查不要拘泥于面子，有时候需要灵活转向，关键在于时机。

（10）无欲之欲。主查要把别人的成功当作自己的成功，为别人喝彩。主查的目标不是要成为伟人，而是要做好工作，因此需要掌控全局的综合能力。

和田明广的"CE的10条规则"（CE应该牢记的事情）

和田明广受到丰田第一代主查中村健也的熏陶，担任过Celica等众多车型的主查。在担任负责技术的副社长时，和田明广主导了第一代普锐斯的开发，有着"技术之王"的美誉。我也曾直接得到过他的教诲。

和田明广提出的"CE的10条规则"如下。

第一，CE平时要注重思考，对一切事物保持兴趣，拥有广博的知识。

第二，CE指示的内容要具体，凭空想象式的指示是最不可取的。

第三，当下属说"您之前是这么说的"时，CE不要坚持说自己"没说过那些话"。

第四，CE要利用对方说明的时间，在脑海中整理与对方说明的内容相反的情况，努力做到在对方说明结束后立即可以提出相反的意见，"先肯定地说'好'，后面再小声地说'不行'是不好的"。此外，CE对自己的判断有60%把握时，就可以说"好"。保全对方的干劲儿更为重要。

第五，CE不能随便相信市场调研机构得出的结论。虽然CE应该坦率地评价过去的事例，但更需要充分研究社会发展趋势。有些被销售人员认为"卖不出去"的车，反而卖得很好。

第六，决断要快，优柔寡断的想法等同于停止思考。

第七，"广撒网"对开发工作来说是必要的，但也要注意效率。

第八，不要经常召集很多人开会，要想到在开会时，参会人员的手头工作是处于停滞状态的。

第九，CE可能无法看完全部图纸，但必须想办法让设计部的人员认为CE一直在检查图纸。具体的方法有很多，比如按照部长、室长、课长、系长、实际负责人的顺序进行提问。

第十，CE要有培养辅佐自己的人员的能力，而且要充分信任对方。

结　语

非常感谢您能读到这里。但我想，很多读者会对以下两点心存疑虑。

第一，新车型的开发方式给人的印象是注重开发速度，质量真的有保障吗？

第二，据说汽车行业目前正在经历百年一遇的"CASE①革命"，本书介绍的CE体系在未来还适用吗？

开发速度快，质量真的有保障吗？

这确实是一部分人担忧的情况。但事实上，我确实没有因为质量问题而向销售商道歉的经历。自己开发的车，质量到底怎么样呢？ 2013年9月，日本中部质量管理协会编撰的《"品质创造"管理：通过构建TQM实现可持续发展》（古谷健夫监修，日本科学技术联盟）一书出版。这本书的腰封上有曾任丰田社长的丰田章一郎

---

① CASE是有关汽车新技术和潮流的四个英文单词的首字母组合。这四个英文单词分别是Connected（联网）、Autonomous（自动驾驶）、Share&Service（共享与服务）、Electric（电动化）。——编者注

的推荐词。这本书中这样写道：

我们以某汽车制造商的新车开发项目为例，思考一下创造新价值时需要注意的事项。每个新车的开发项目都要任命开发负责人。从企划构想阶段开始到把车送到用户手中为止，开发负责人要负责项目自始至终所有的开发管理工作。开发负责人有各种各样的性格，因此不同型号的汽车会成为具有不同"个性"的商品。

开发负责人A负责开发的一款新车在开始销售后出现的问题比其他车型要少，这在公司里引起了热议。因此，我们调查了A的管理实践方法。结果表明，A在开发过程中始终注意以下三点。

第一，始终坚持三个行动方针，并持续实践（A的领导力）。

•可视化：以简单易懂的方式进行表达、说明；

•"报联商"：先说坏消息；

•危机管理：习惯性地设想失败的情况，并养成思考相应对策的习惯。

第二，行动前拟定"作战计划"（企划书）。

针对每个子主题，事先具体筹划"如何推进工作""具体目标"（设定工作完成状态的定义）、"职责分工"，并与相关人员共享这些信息。

确保在制作企划书的过程中相关部门之间进行了面对面沟通，同步了推进方法和最终目标，并达成了"大家一起做"的协作体制（大房间活动）。

第三，在开发初期就高举"品质第一"的旗帜，并持续贯彻这一点。

关于品质方面的努力，企划书中应制订了具体的行动计划，并向相关人员进行了多次说明。

新车的开发工作应当先由开发负责人描绘出目标应有的样子，然后分解成相关部门的实施事项（方针管理），再通过"大房间活动"明确不同人员各自的实施事项和进展状况，从"全体最适合"的视角确立合作体制。此外，在日常业务发生异常的时候，相关人员要马上进行沟通，每次都能够正确地实施应对措施（日常管理）。但是，这里最重要的还是开发负责人A的热情、领导力和人品，这些可以被认为是降低新车出现故障次数的真正原因（风气营造）。

无论对象是什么，为了创造新价值，这样的努力积累是必不可少的，也只有这样，最终目标才有可能实现。这也是"品质创造"管理的真谛所在。

A被作为模范进行了介绍，这也让我松了一口气。这证明CE对新事物、新方法的挑战得到了认可。"质量真的有保障吗？"这个问题的答案是肯定的。我开创了无试制车开发的先河，节省了开发时间和开发费用，节省出来的资源也可以用于开发其他新产品和新技术。

CE体系在未来还适用吗？

在汽车行业，被称为"CASE革命"的风暴正在袭来。据说，无法应对这一情况的汽车制造商将无法生存。在这样的时代，本书介绍的以CE体系为主导的丰田产品开发体系真的还能行得通吗？答案当然是肯定的。

CE体系原本就适用于从汽车等商品到服务领域的服务项目等广泛的对象。当然，它也适用于符合"CASE革命"要求的汽车开发工作。但是，新一代CE必须具备更多专业知识，包括电机、电池、传感器、控制软件、人工智能、主被动安全、街道建设、交通基础设施等。

在丰田的成长历史中，除了世界第一辆HV汽车普锐斯、燃料电池车MIRAI（未来）、雷克萨斯等划时代的产品之外，还诞生了许多有重大意义的产品。这些产品的背后蕴含着众多CE为了创造出既畅销又盈利的产品而浴血奋战的故事。我确信，"个性丰富的CE聚集的智慧，不断创造出独具特色的新产品"是丰田强大的秘诀。

今后，汽车行业将不断迎接新的挑战，发生巨大的变化。但CE体系作为汽车行业的支柱，将继续保持其重要地位。CE体系不仅对汽车行业有重要作用，对其他行业的新产品、新服务的开发工作也有很大帮助。IT巨头早就导入了该体制，并取得了成功。随着科技不断发展，未来世界的变化速度也会越来越快。CE体系将发挥其优势在各行各业做出贡献，这是很值得期待的。我认为CE体系与丰田生产方式，可被并称为支撑丰田的两大体系。最近媒体上出现了"丰田生产方式和丰田不断降低成本的看家本领是丰田强大的源泉"这样的论调，我觉得有点儿遗憾。毫不夸张地说，CE体系才是日本制造业从平成时代（1989年1月8日—2019年4月30日）不景气的局面中复兴的关键。

我受到经营战略咨询师酒井崇男和讲谈社的田中浩史的启发，撰写了本书。为了让汽车行业以外的商务人士也能简单易懂地了解汽车的开发流程和CE的职责，我在创作本书的过程中绞尽脑汁。到底本书能在多大程度上正确地将汽车的开发流程和CE的职责介绍给读者，我其实不太确定。本书得以付梓离不开田中浩史以及讲谈社诸位老师的鼓励，我在此表示衷心的感谢。

我担任CE的时期，正好是丰田历史上全球产销量增长最快的时期。能为丰田的成长和发展做出一些贡献，我感到很幸福。在此，我对指导和培养我的各位前辈，给我提供很大帮助的同辈、后辈和相关人员，以及给予我良好的新车开发环境和空间的丰田、大发表示由衷的感谢。

最后，我要感谢当时支持我繁重工作的各位秘书（稻富三千代、前川直子、马上宽子、中田久美、神田香织、井本淳、大野畅子）和我的妻子。

北川尚人